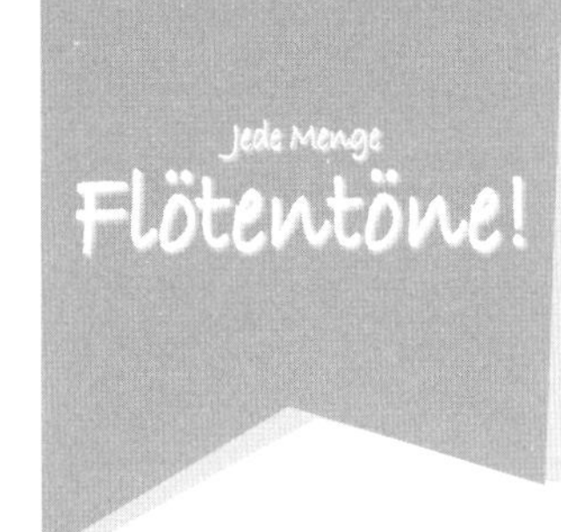

Schule für

Alt blockflöte

Barbara Ertl

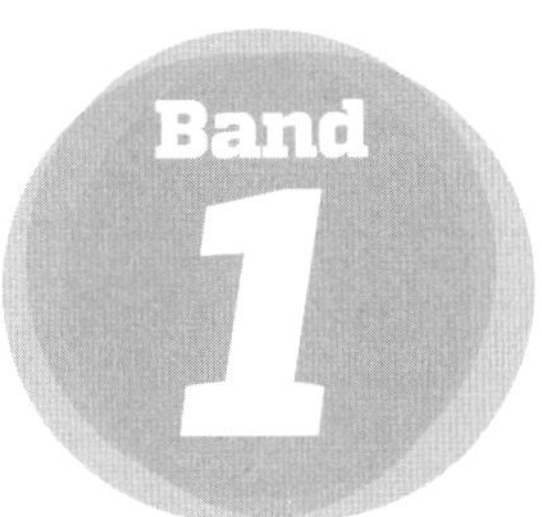

Klavierbegleitung

Impressum

VHR 3715 / ISMN 979-0-2013-1007-7 / ISBN 978-3-86434-106-9

Klaviersatz: Jo Barnikel
Notensatz: Regina Krauß, Speyer
Umschlag: Gerhard Illig Kommunikation, Erlangen

www.holzschuh-verlag.de

Inhalt

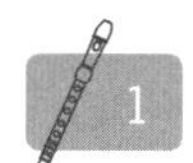

Merrily We Roll Along

Traditional

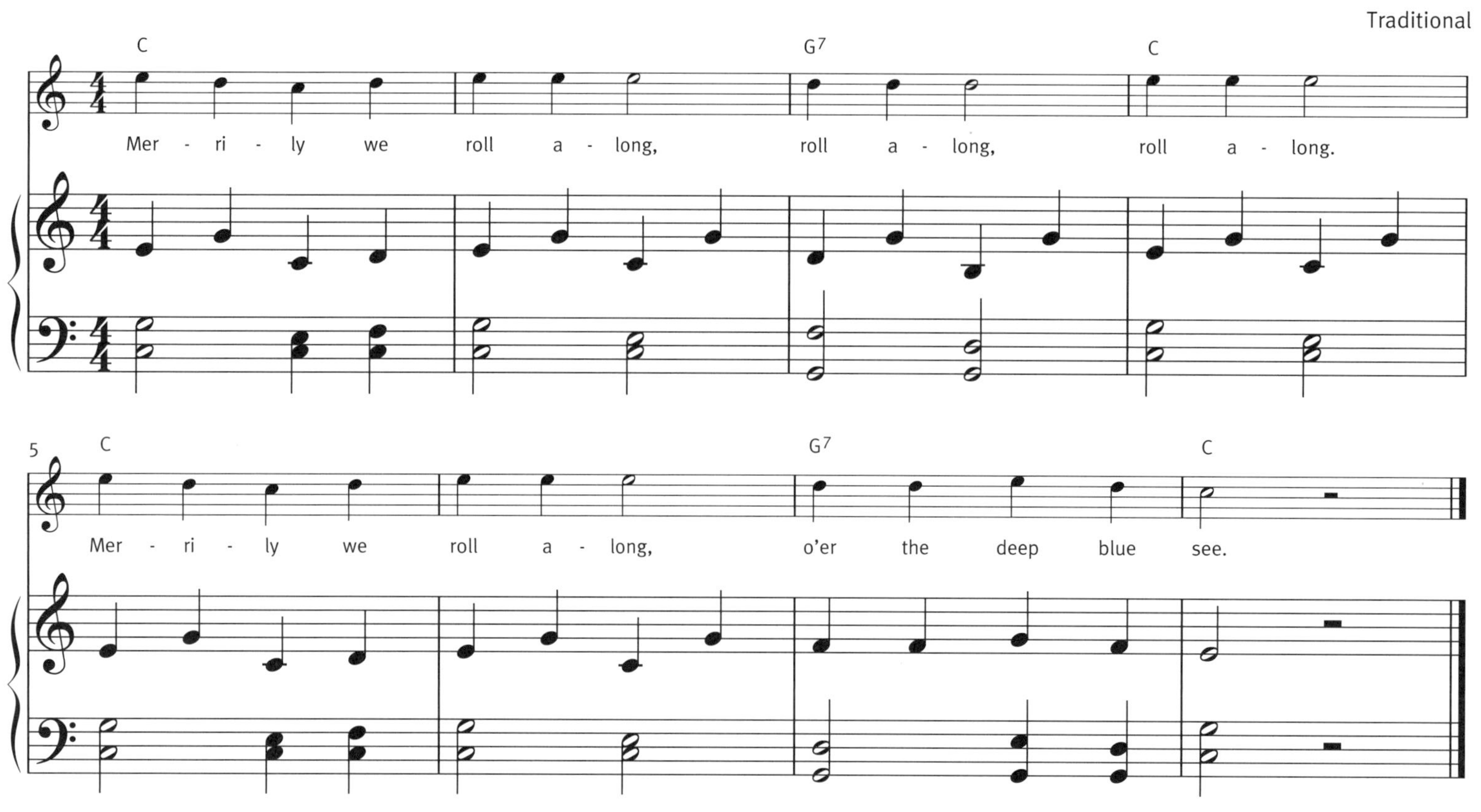

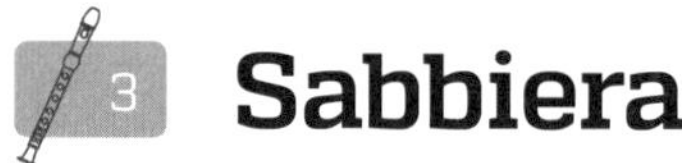

Sabbiera

B. E.

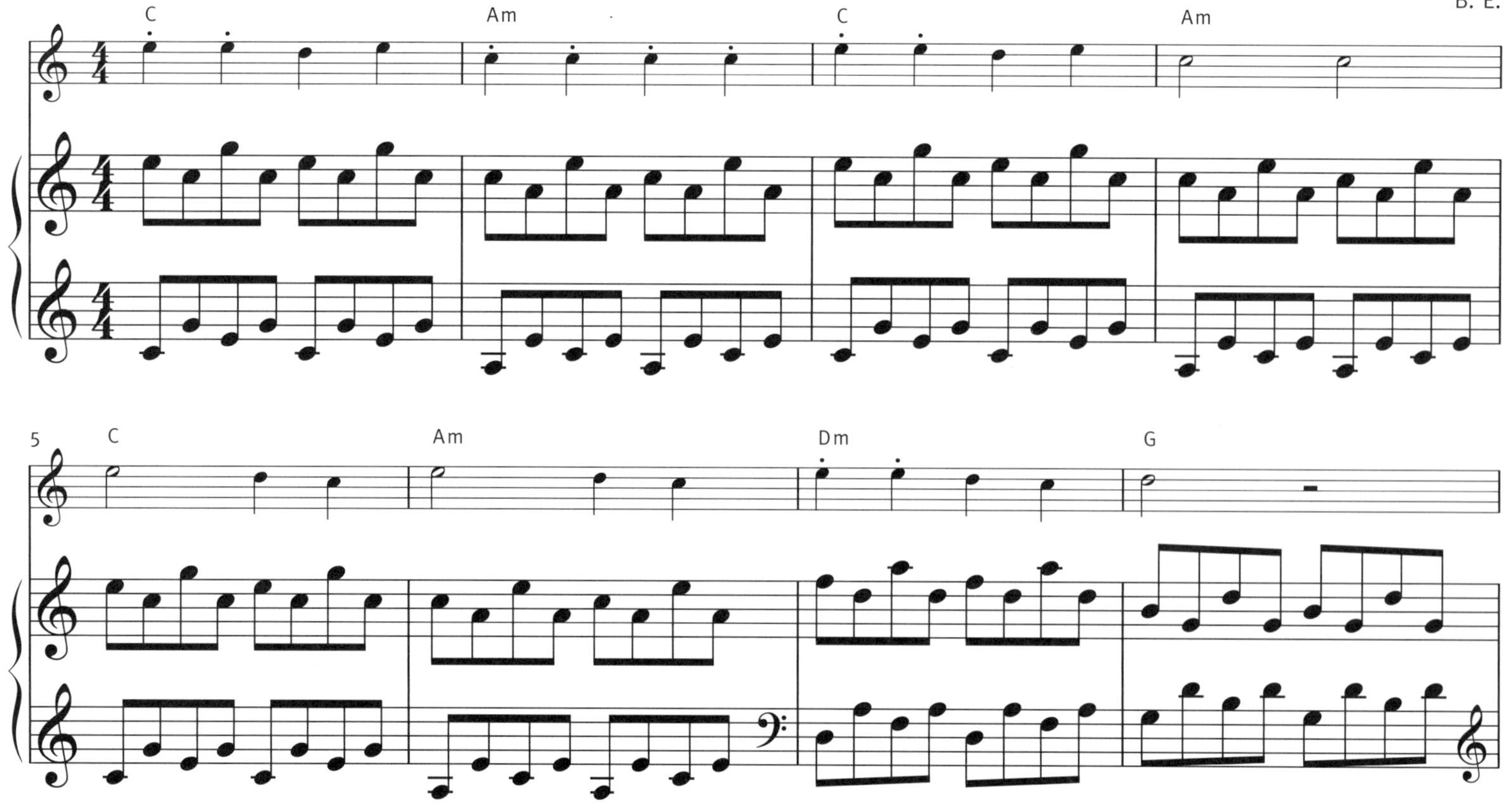

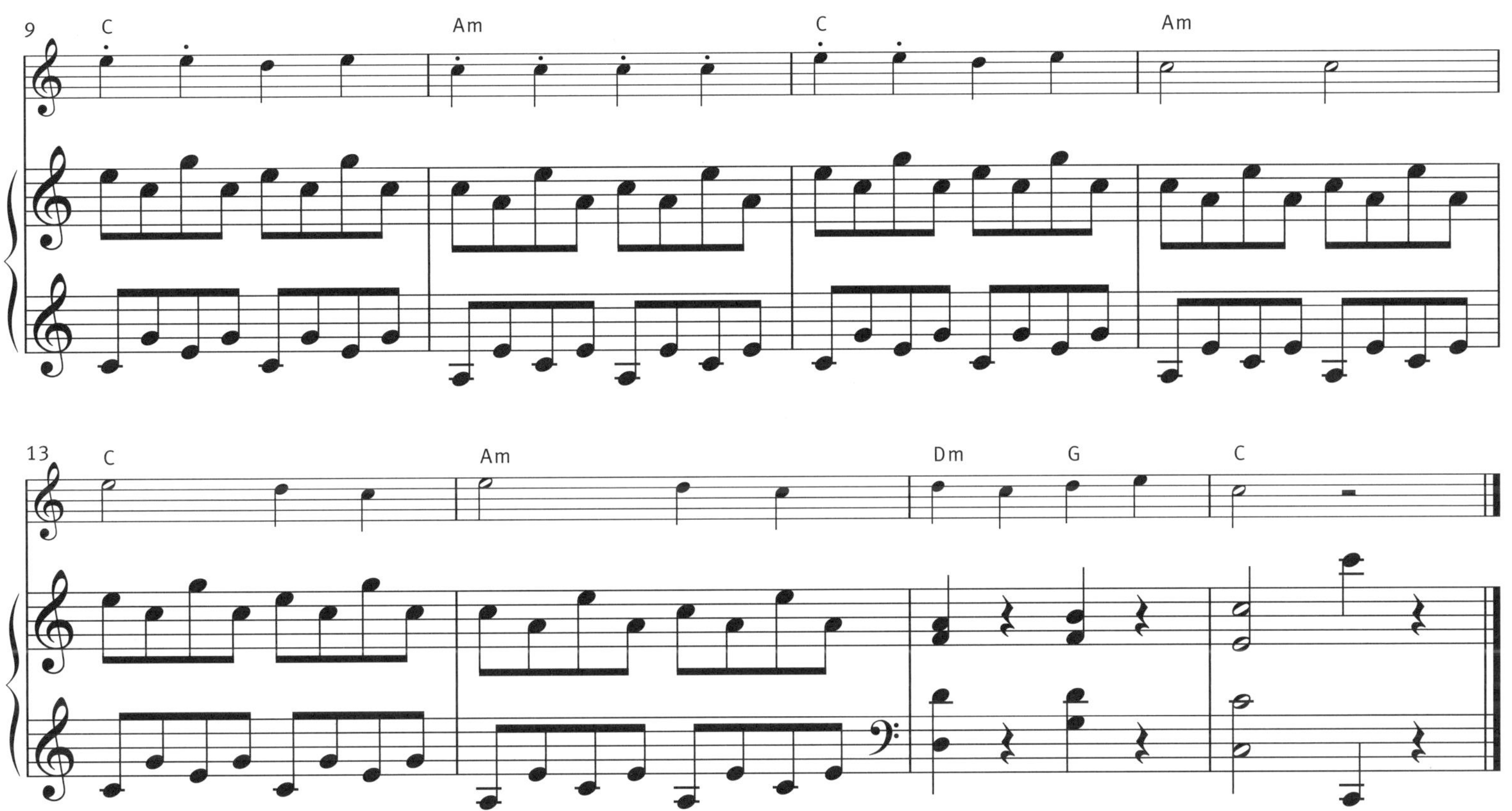

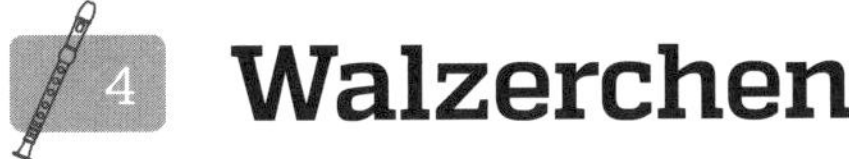

4 Walzerchen

B. E.

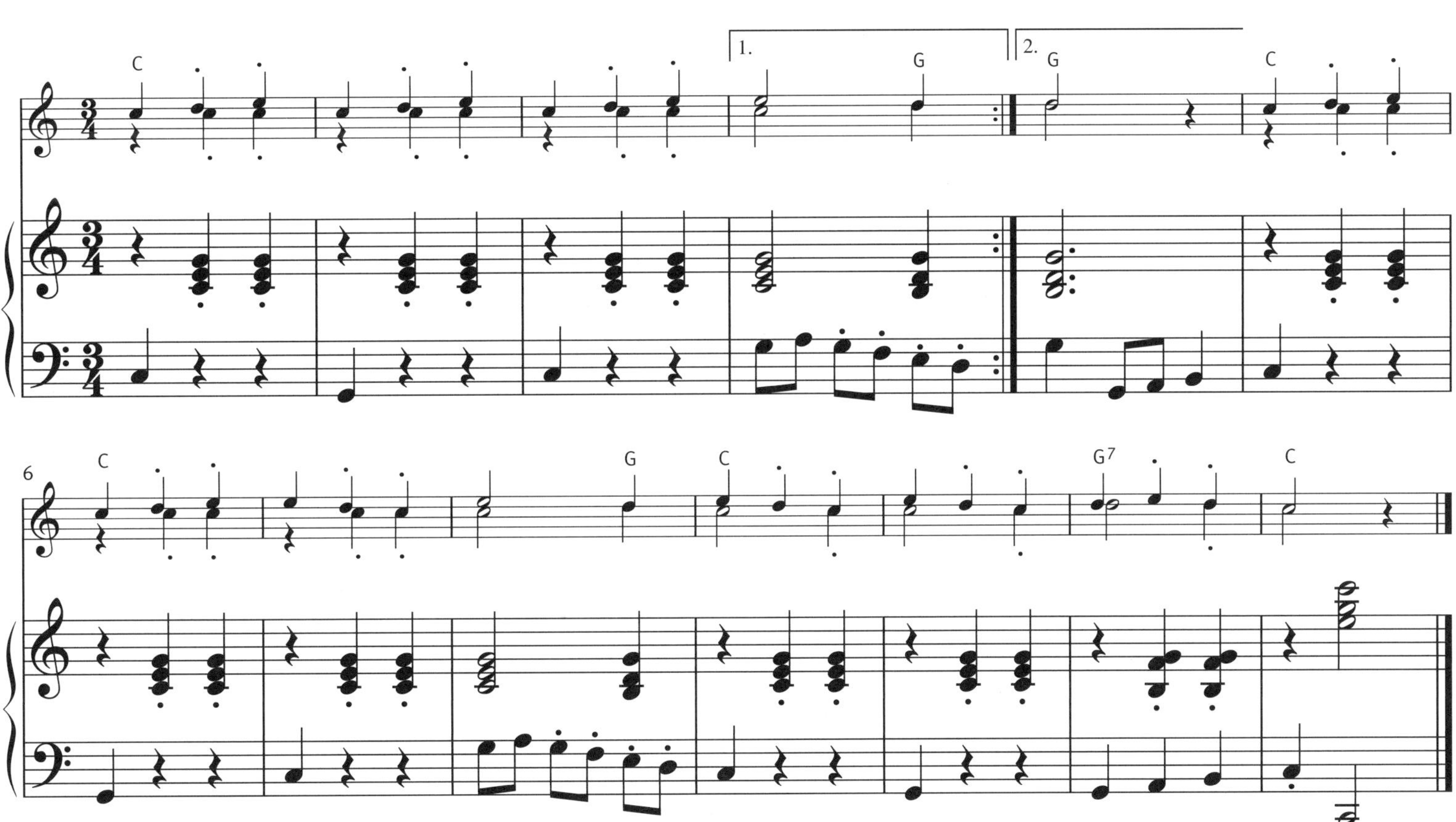

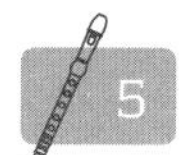

Wenn die Sonne scheint

B. E.

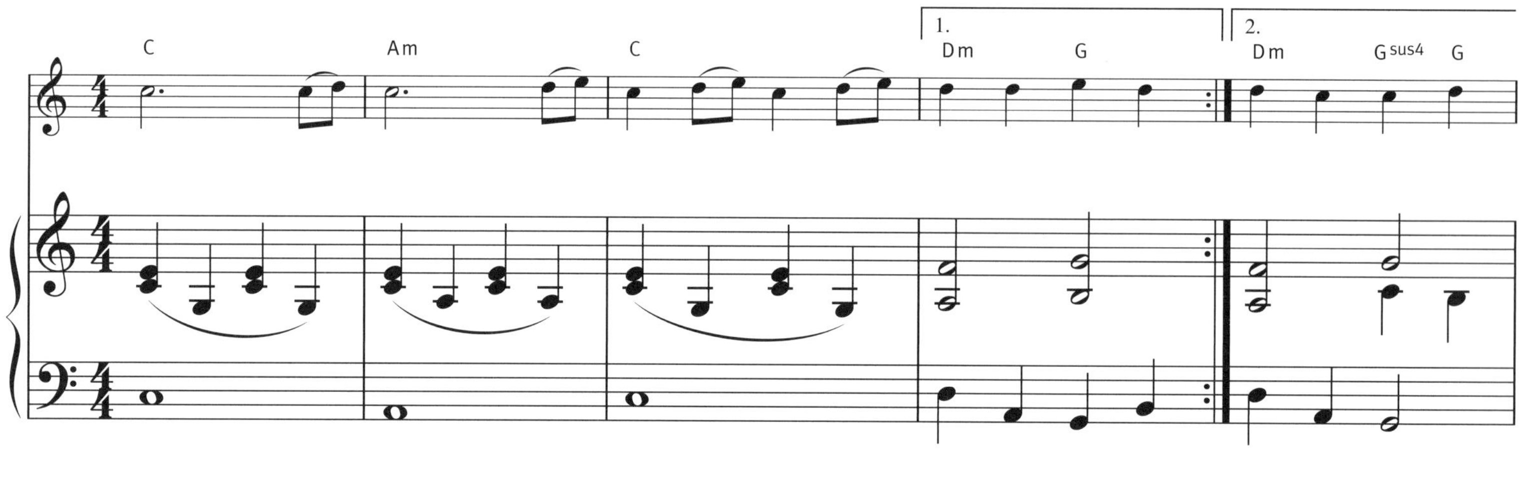

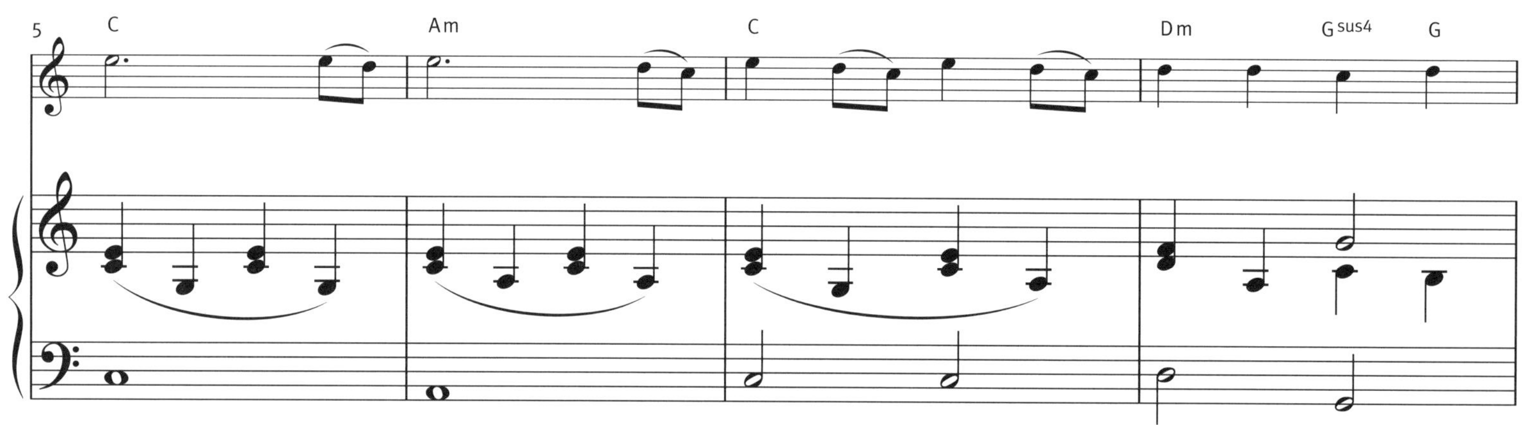

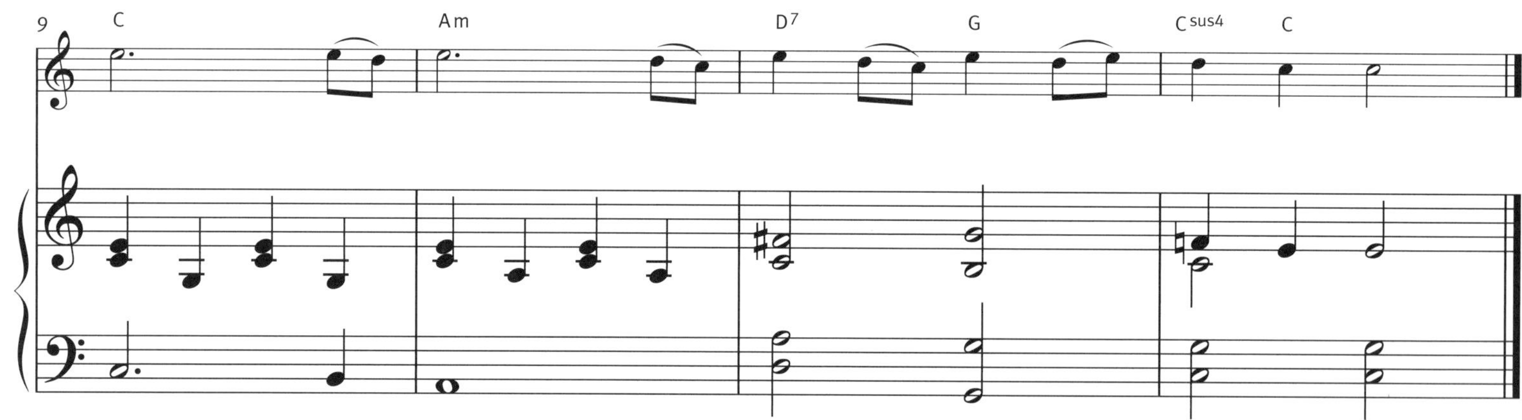

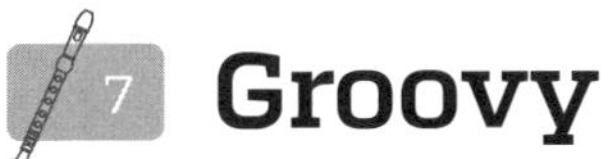

Groovy

B. E.

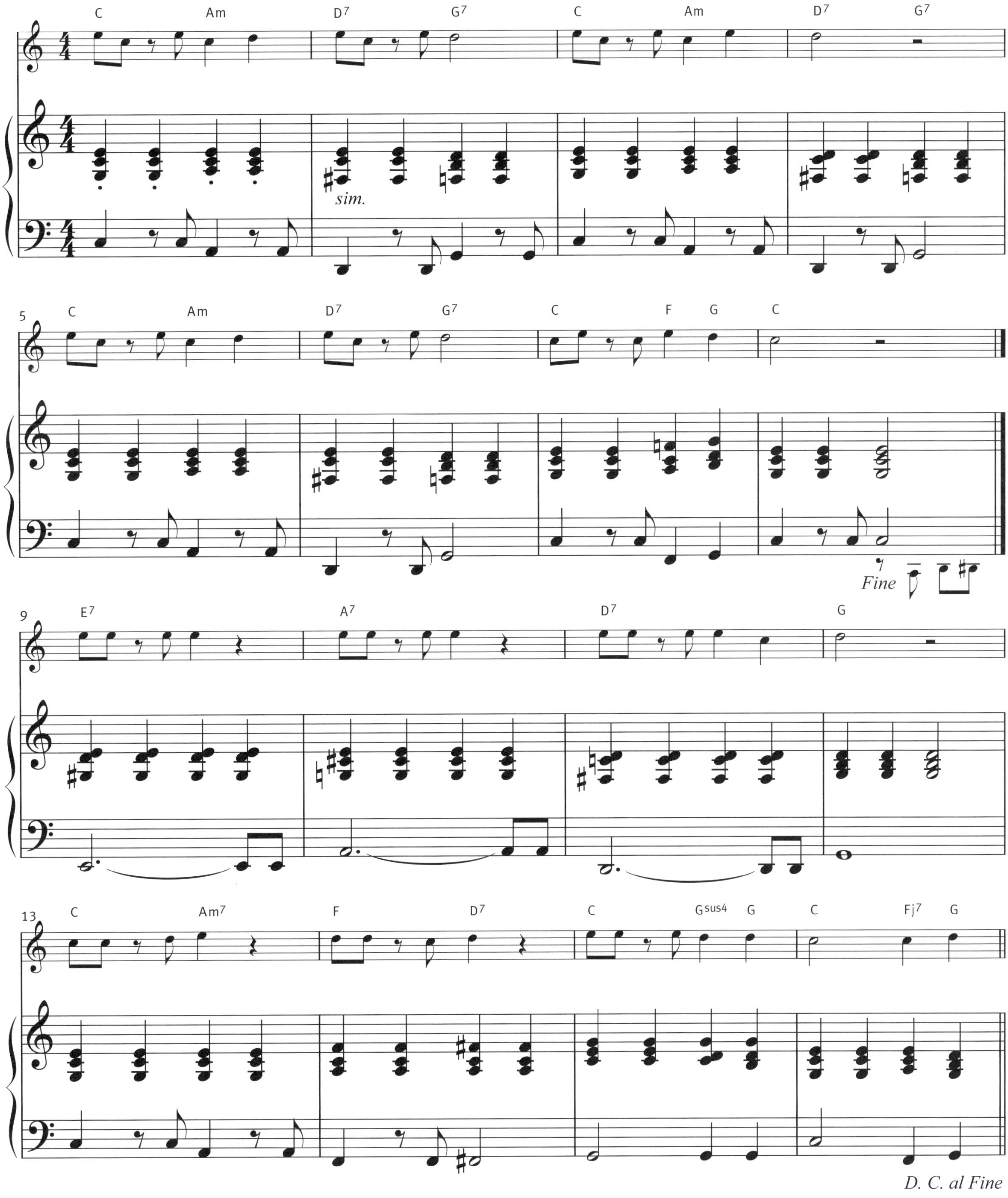

C Am | D7 G7 | C Am | D7 G7

sim.

5 C Am | D7 G7 | C F G | C

Fine

9 E7 | A7 | D7 | G

13 C Am7 | F D7 | C Gsus4 G | C Fj7 G

D. C. al Fine

This Land Is Your Land

B. E.

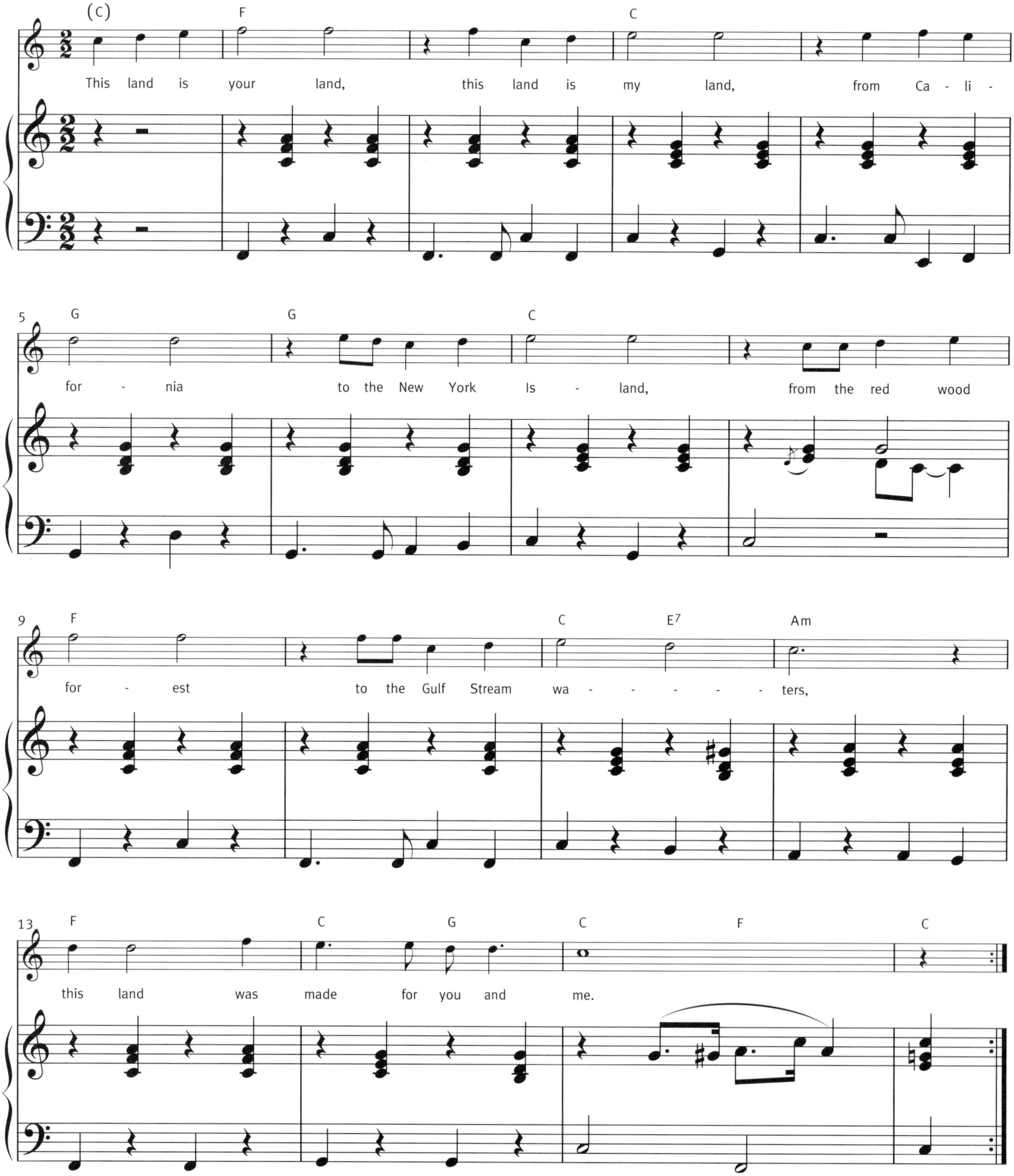

(C) F C

This land is your land, this land is my land, from Ca - li -

5 G G C

for - nia to the New York Is - land, from the red wood

9 F C E7 Am

for - est to the Gulf Stream wa - - - - - - ters,

13 F C G C F C

this land was made for you and me.

10 Maestoso

B. E.

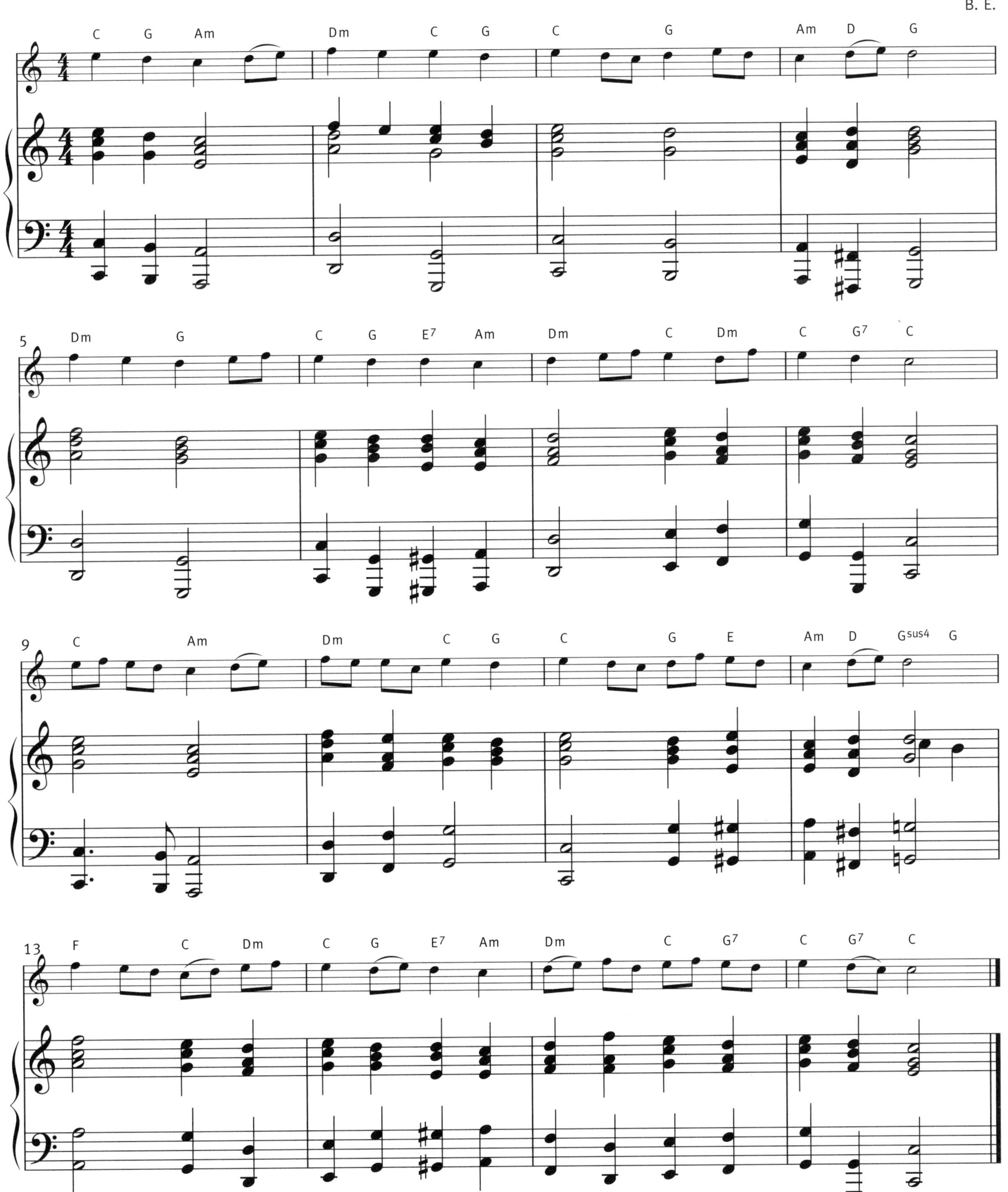

12 Stubenmusik

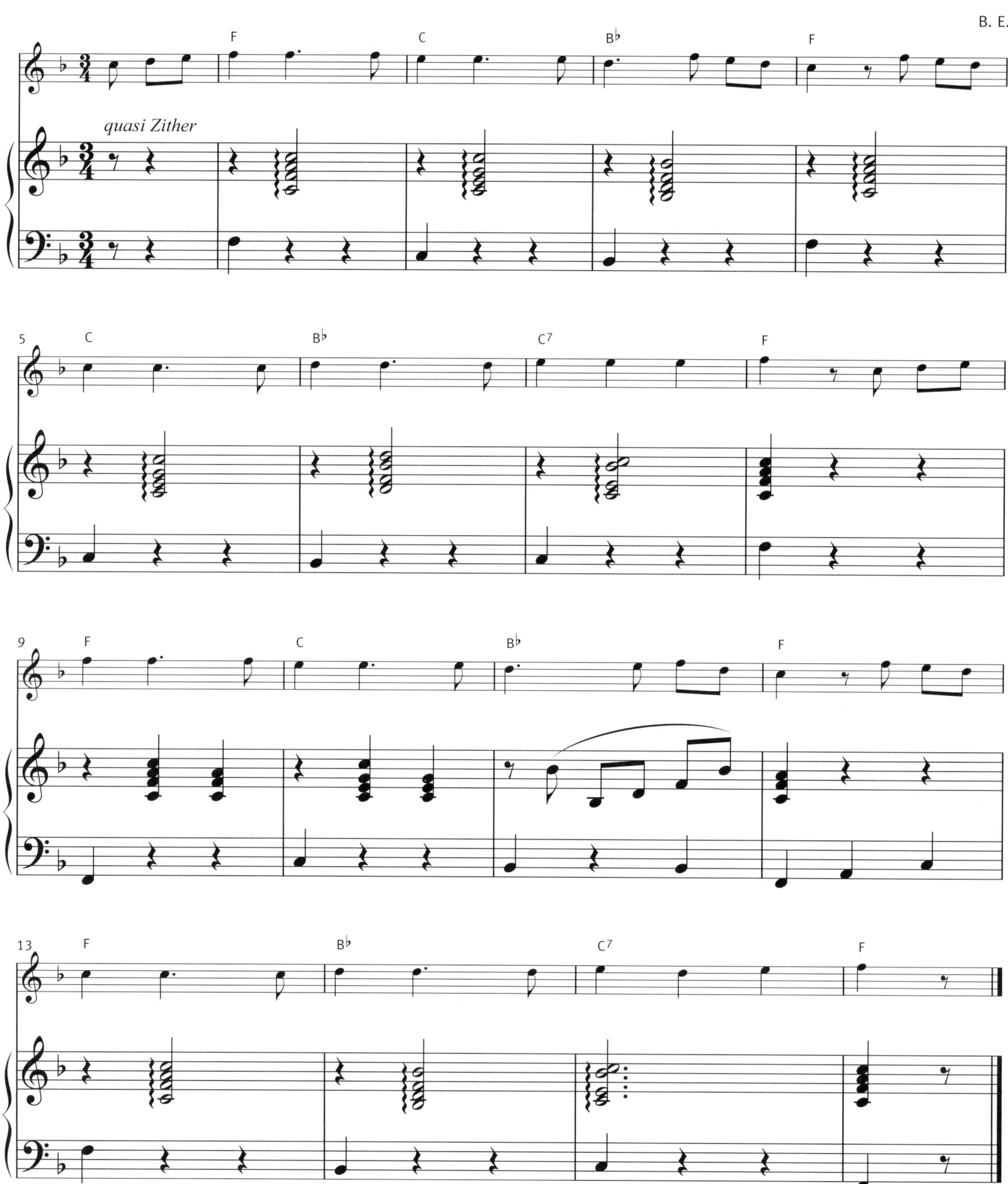

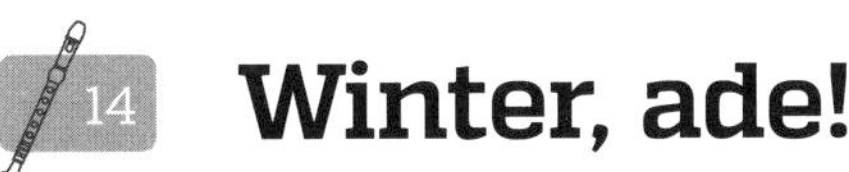

Winter, ade!

Volkslied

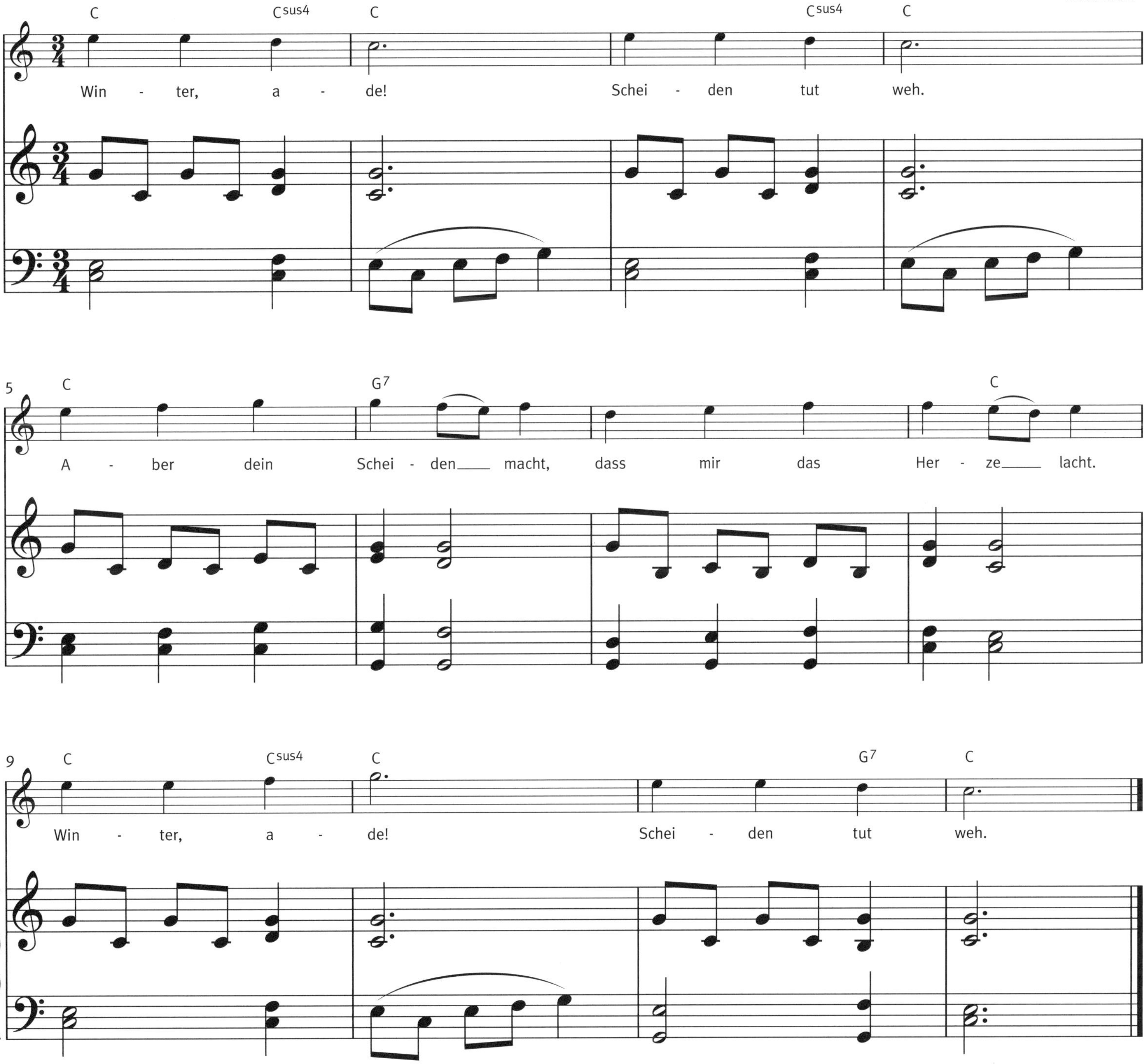

C Csus4 C Csus4 C
Win - ter, a - de! Schei - den tut weh.

5 C G7 C
A - ber dein Schei - den___ macht, dass mir das Her - ze___ lacht.

9 C Csus4 C G7 C
Win - ter, a - de! Schei - den tut weh.

Banks Of The Ohio

Traditional

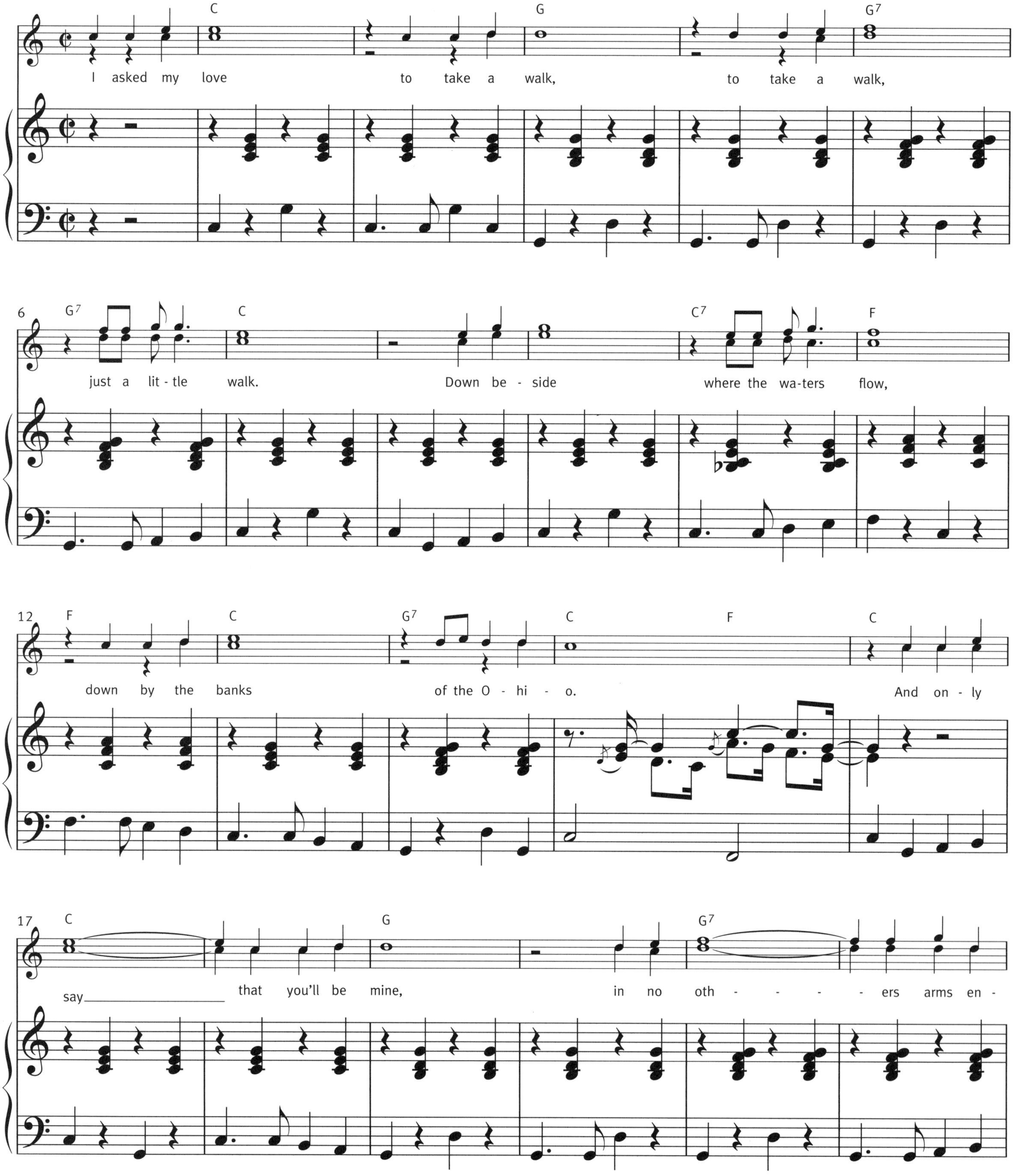

I asked my love to take a walk, to take a walk,

just a lit - tle walk. Down be - side where the wa - ters flow,

down by the banks of the O - hi - o. And on - ly

say ______ that you'll be mine, in no oth - - - - - ers arms en -

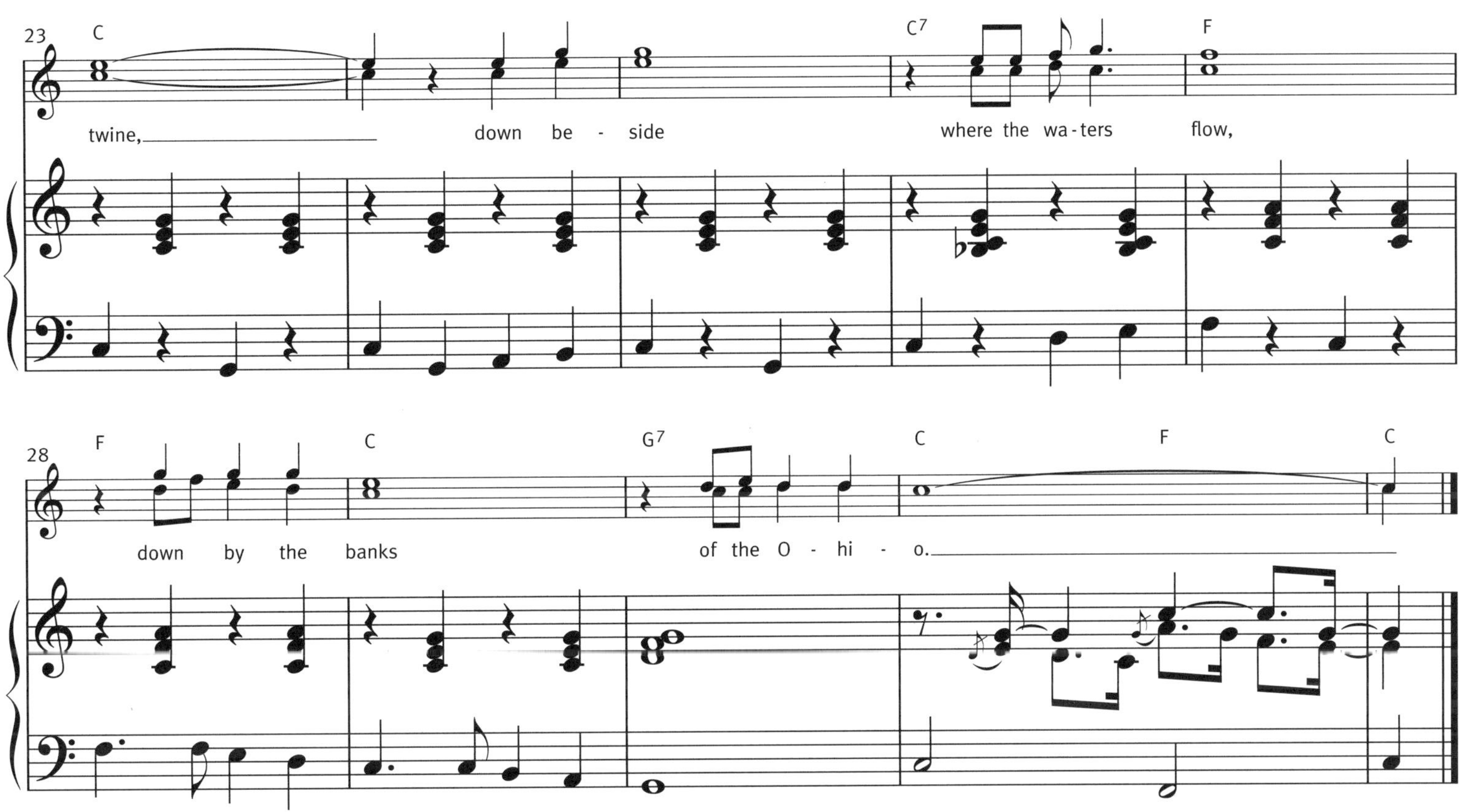

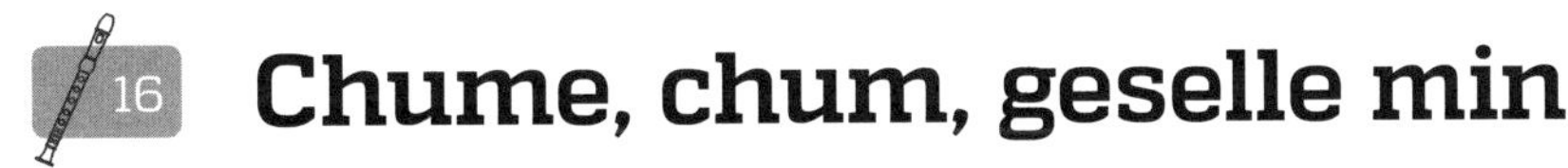

Chume, chum, geselle min

Carl Orff (1895–1982)

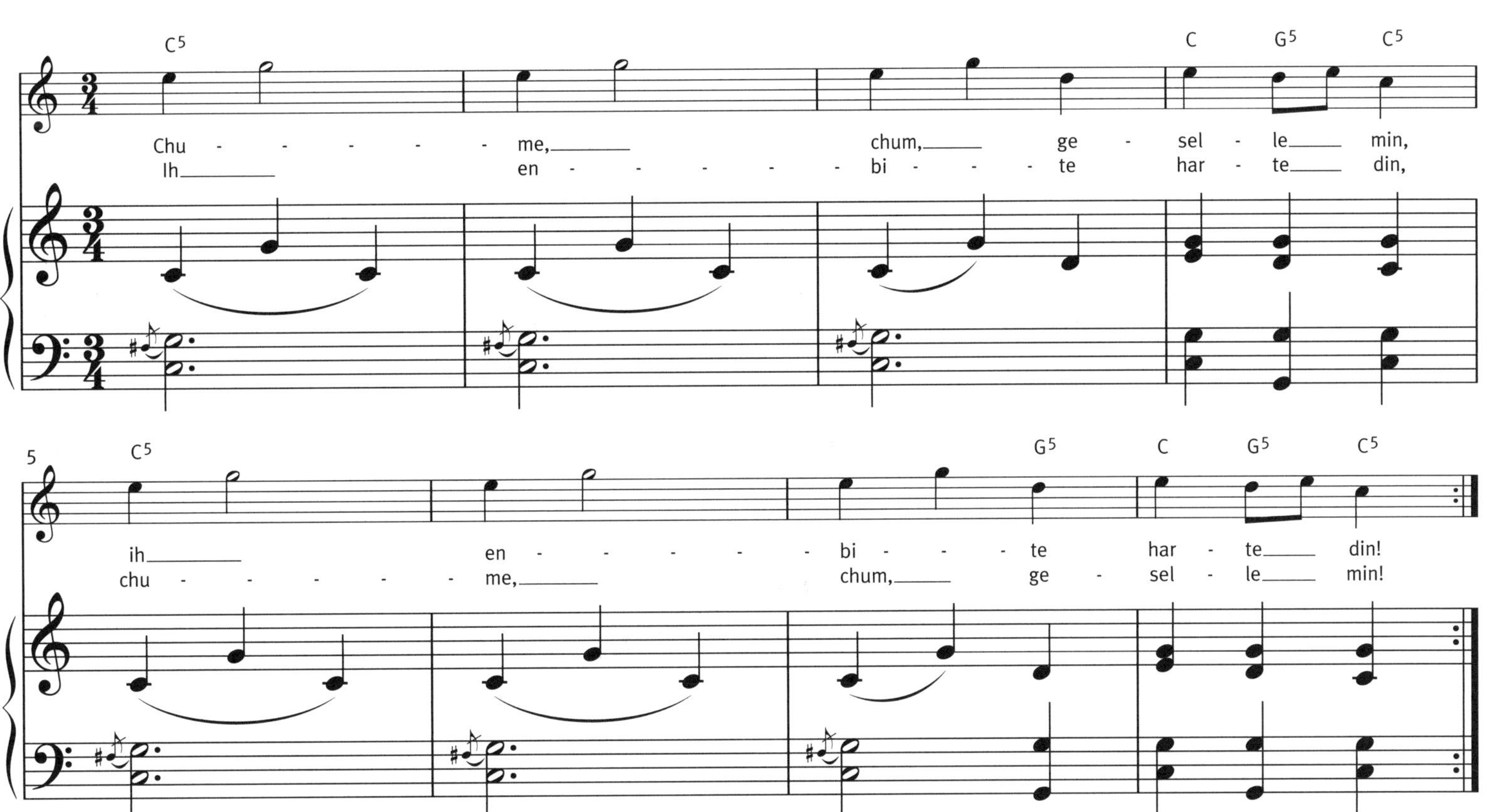

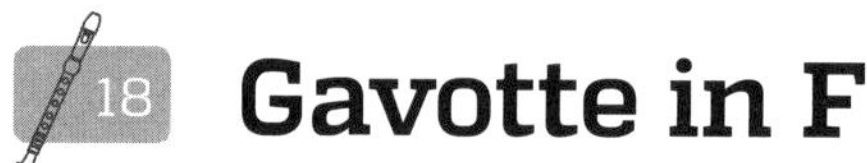

Gavotte in F

James Hook (1746–1827)

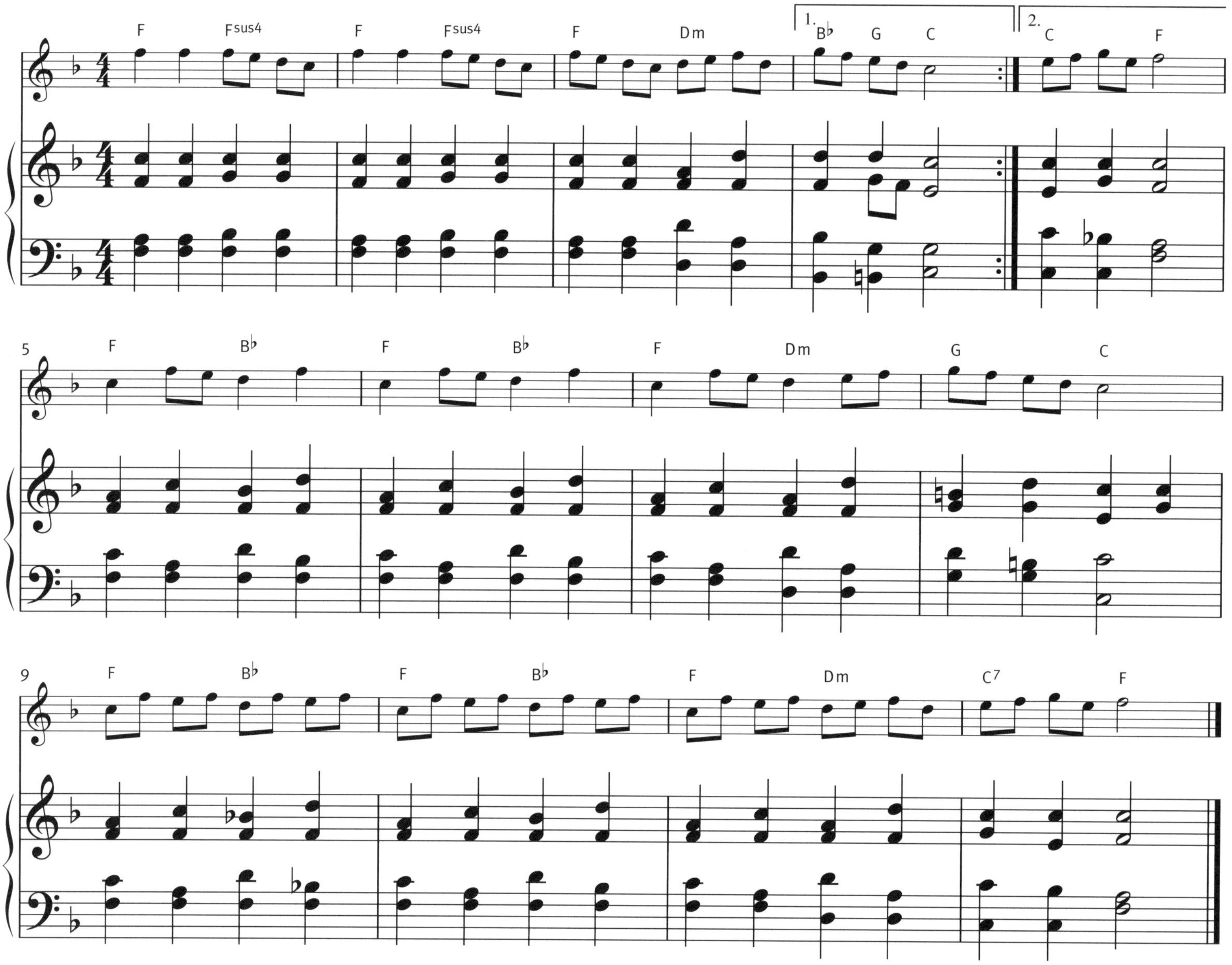

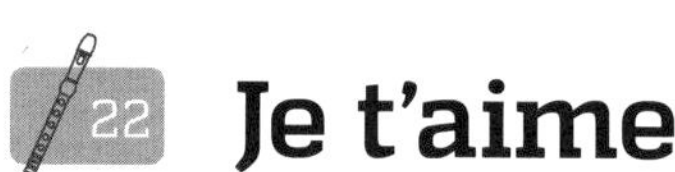

Je t'aime

T: aus Frankreich
M: B. E.

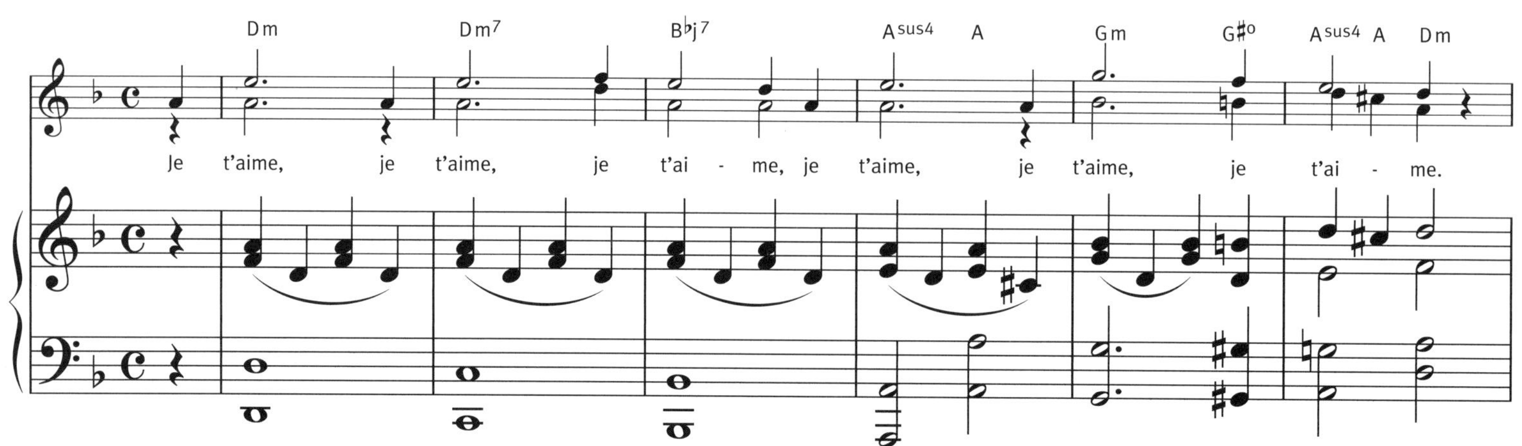

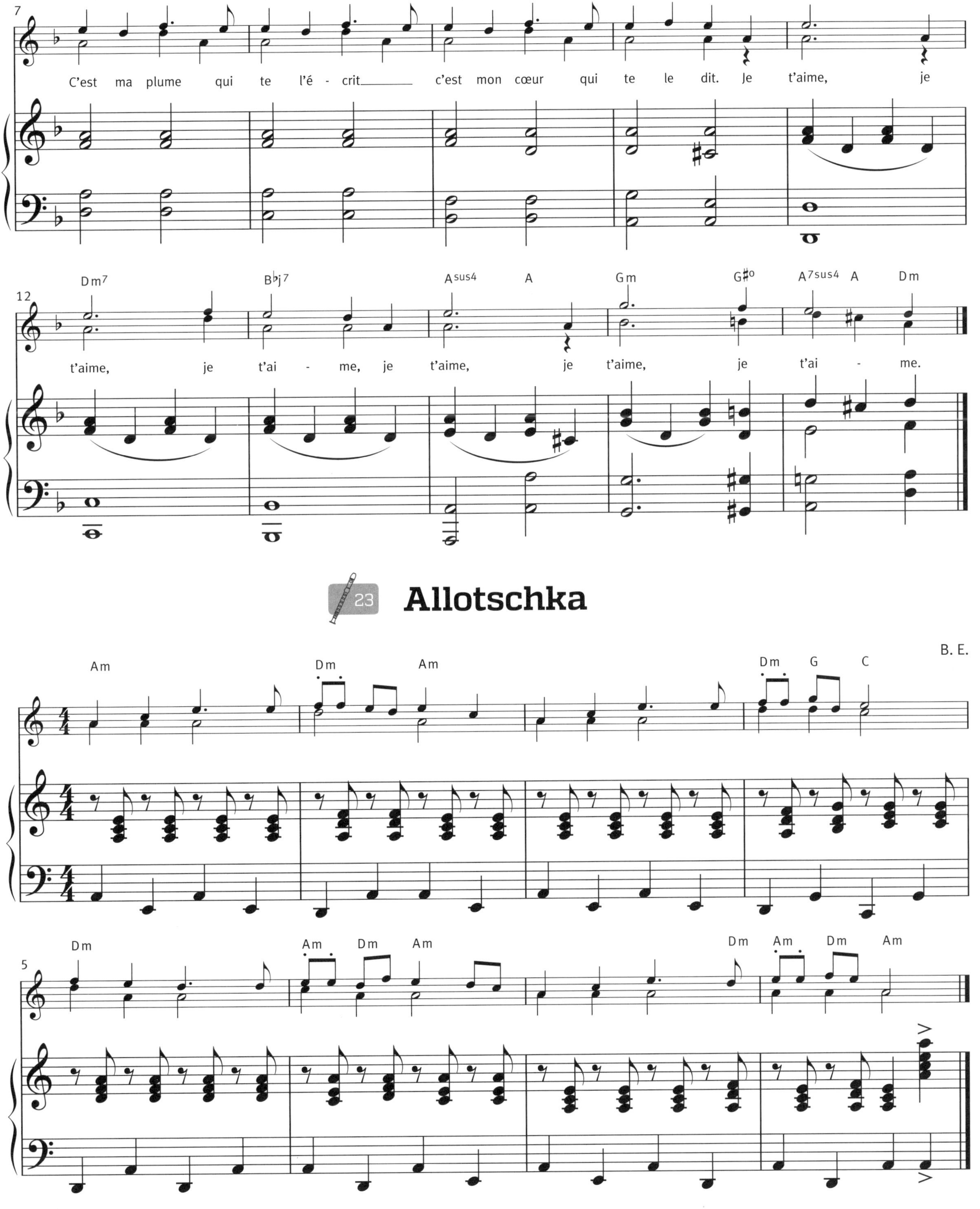
7
Dm
Dm7
B♭j7
Asus4
A
Dm
C'est ma plume qui te l'é - crit c'est mon cœur qui te le dit. Je t'aime, je
12
Dm7
B♭j7
Asus4
A
Gm
G♯o
A7sus4
A
Dm
t'aime, je t'ai - me, je t'aime, je t'aime, je t'ai - me.
23
Allotschka
B. E.
Am
Dm
Am
Dm
G
C
5
Dm
Am
Dm
Am
Dm
Am
Dm
Am

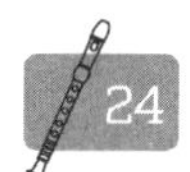

Kimiad ar martolod

aus Frankreich

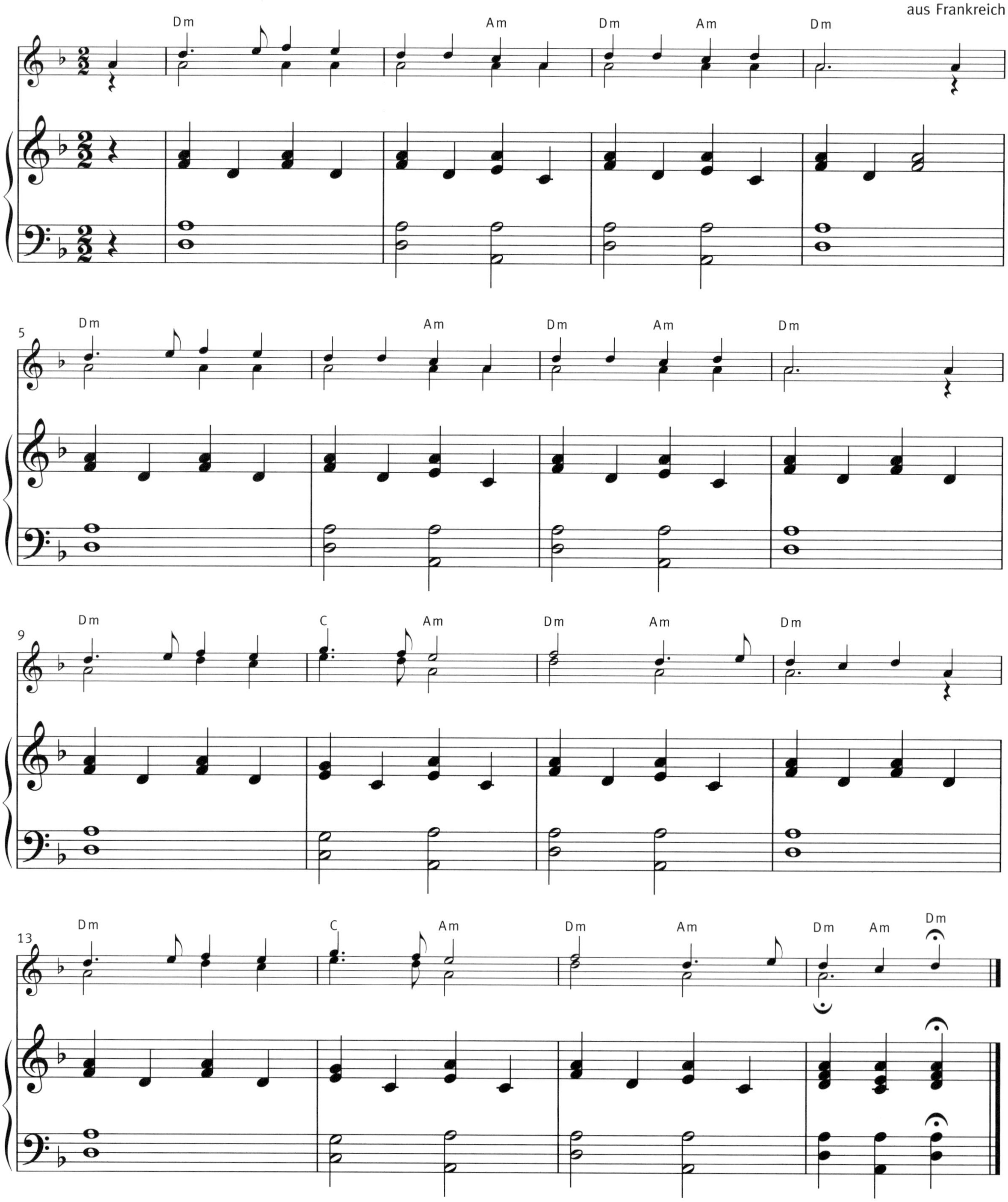

Dm Am Dm Am Dm

5 Dm Am Dm Am Dm

9 Dm C Am Dm Am Dm

13 Dm C Am Dm Am Dm Am Dm

27 Ode an die Freude

M.: L. van Beethoven (1770–1827)
T.: F. Schiller (1759–1805)

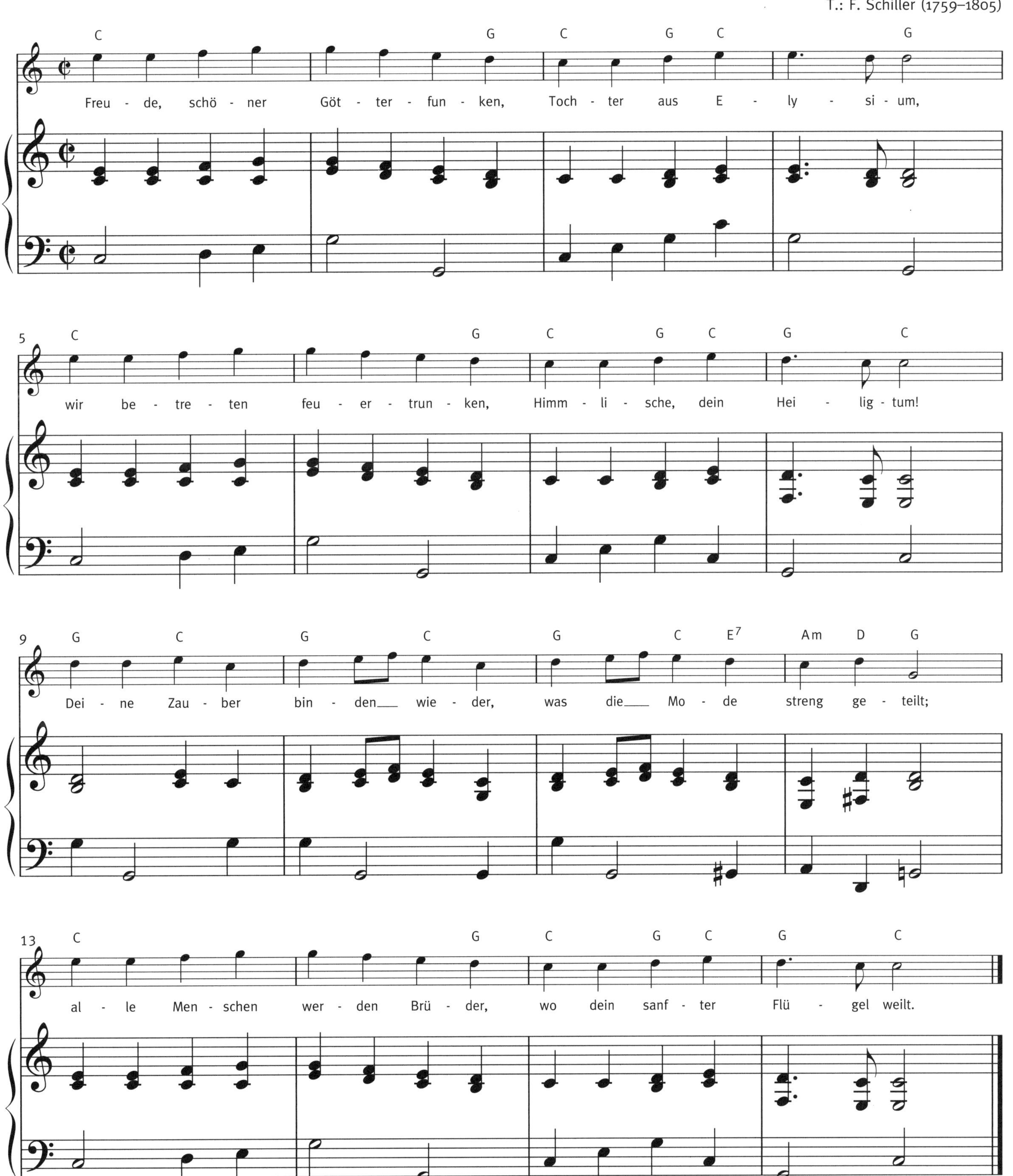

The Spanish Lady

aus Irland

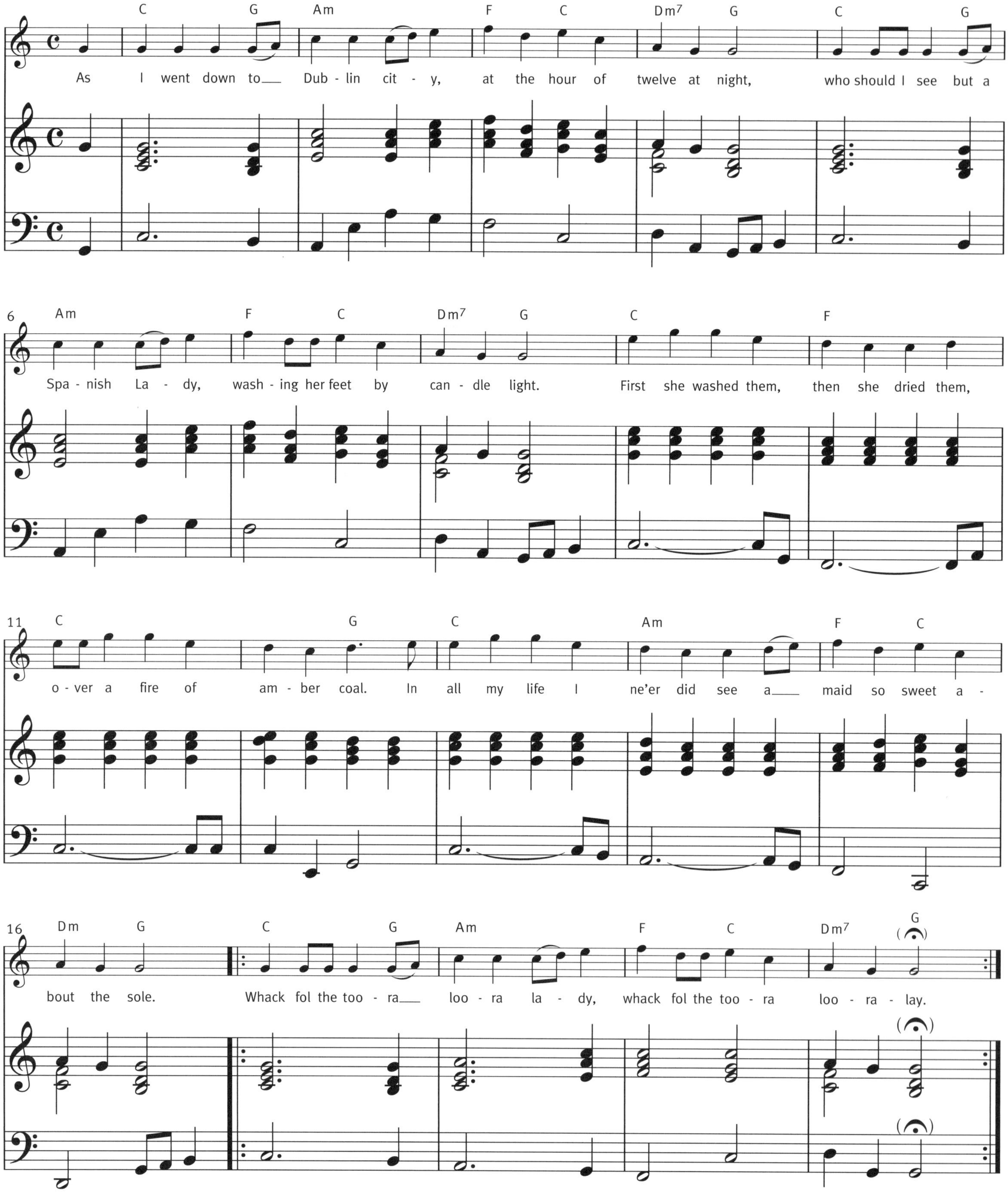

C G Am F C Dm7 G C G

As I went down to Dub - lin cit - y, at the hour of twelve at night, who should I see but a

6 Am F C Dm7 G C F

Spa - nish La - dy, wash - ing her feet by can - dle light. First she washed them, then she dried them,

11 C G C Am F C

o - ver a fire of am - ber coal. In all my life I ne'er did see a maid so sweet a -

16 Dm G C G Am F C Dm7 G

bout the sole. Whack fol the too - ra loo - ra la - dy, whack fol the too - ra loo - ra - lay.

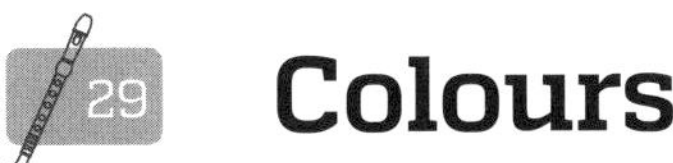

Colours

Donovan Leitch

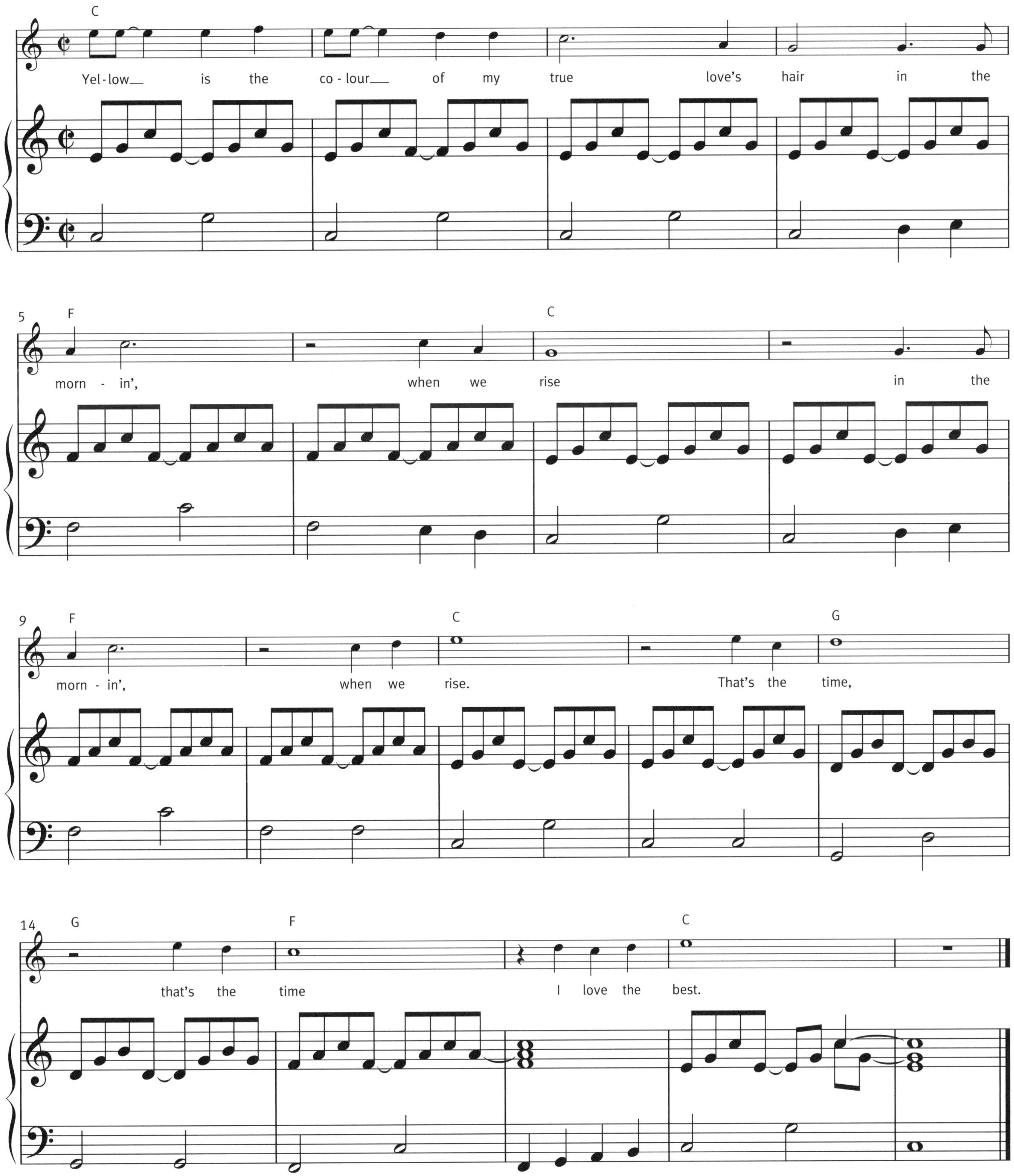

C
Yel - low__ is the co - lour__ of my true love's hair in the

5 F C
morn - in', when we rise in the

9 F C G
morn - in', when we rise. That's the time,

14 G F C
that's the time I love the best.

In Dublin's Fair City

aus Irland

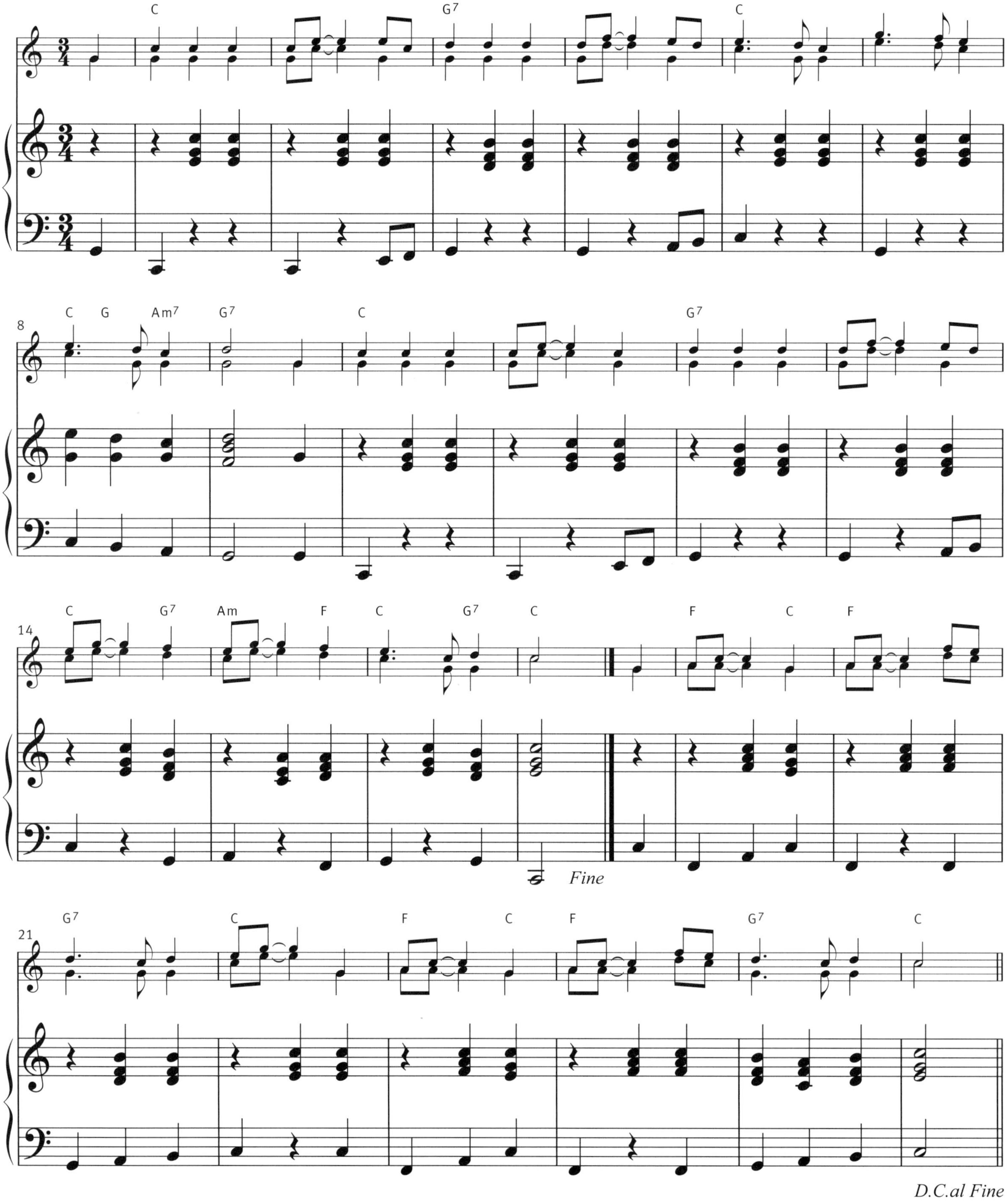

C G7 C
8 C G Am7 G7 C G7
14 C G7 Am F C G7 C *Fine* F C F
21 G7 C F C F G7 C

D.C.al Fine

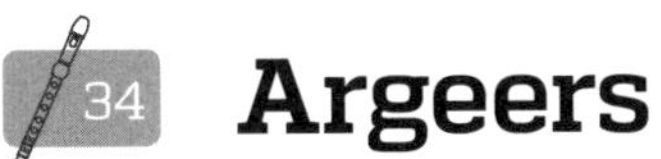

Argeers

J. Playord
(1623–1686)

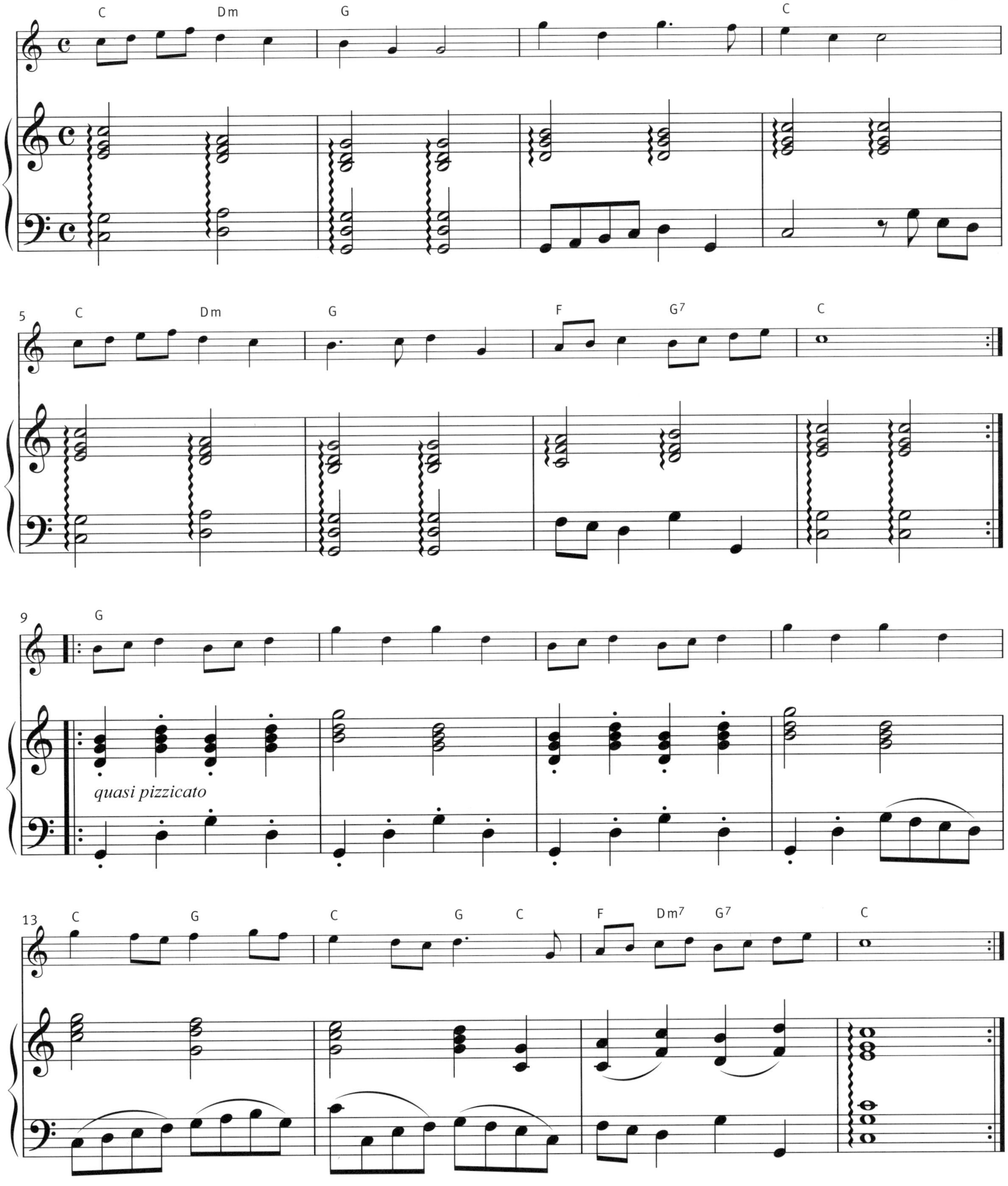

C Dm G C
5 C Dm G F G7 C
9 G
quasi pizzicato
13 C G C G C F Dm7 G7 C

 The Bold Fenian Men

aus Irland

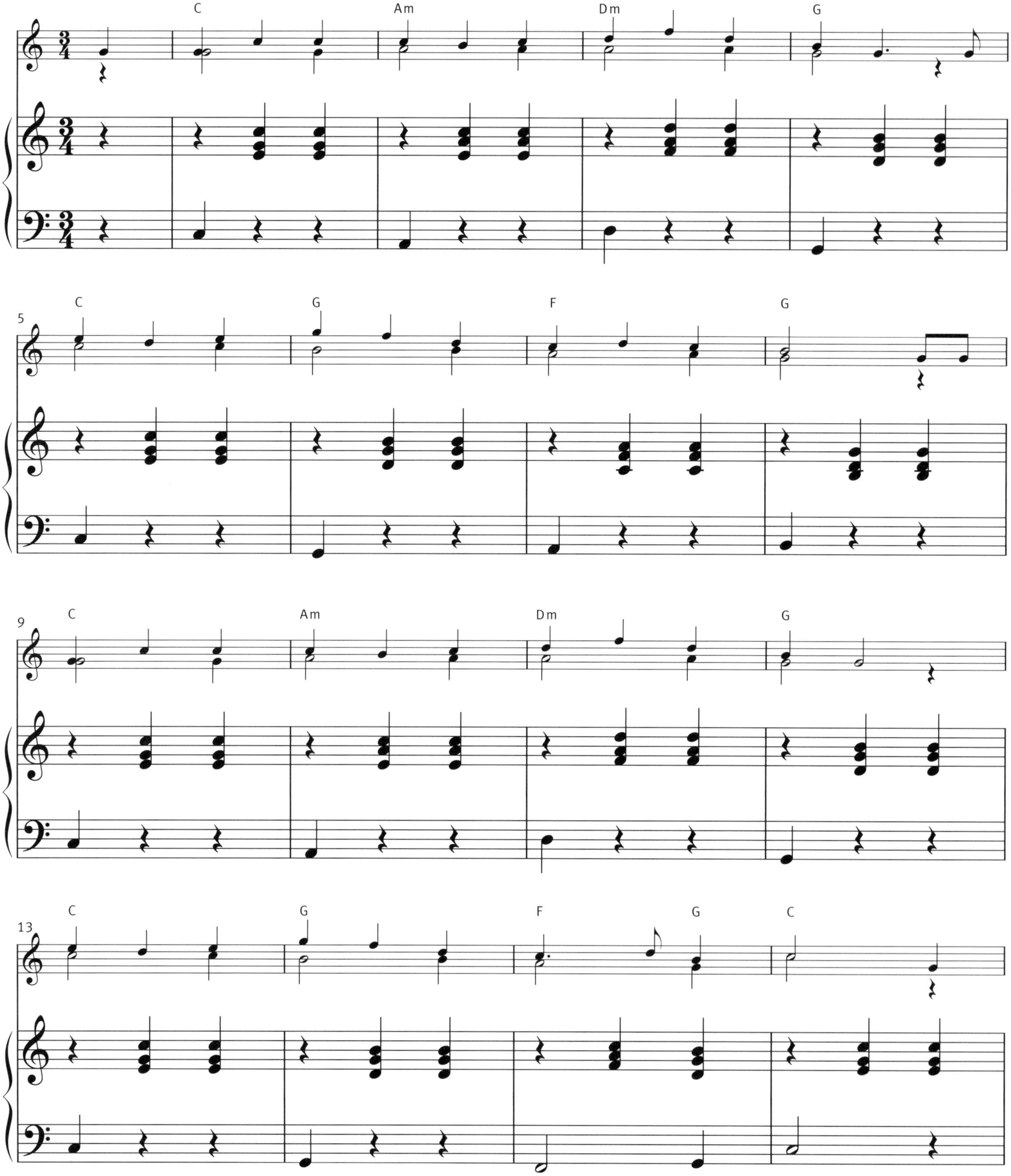

C Am Dm G

5 C G F G

9 C Am Dm G

13 C G F G C

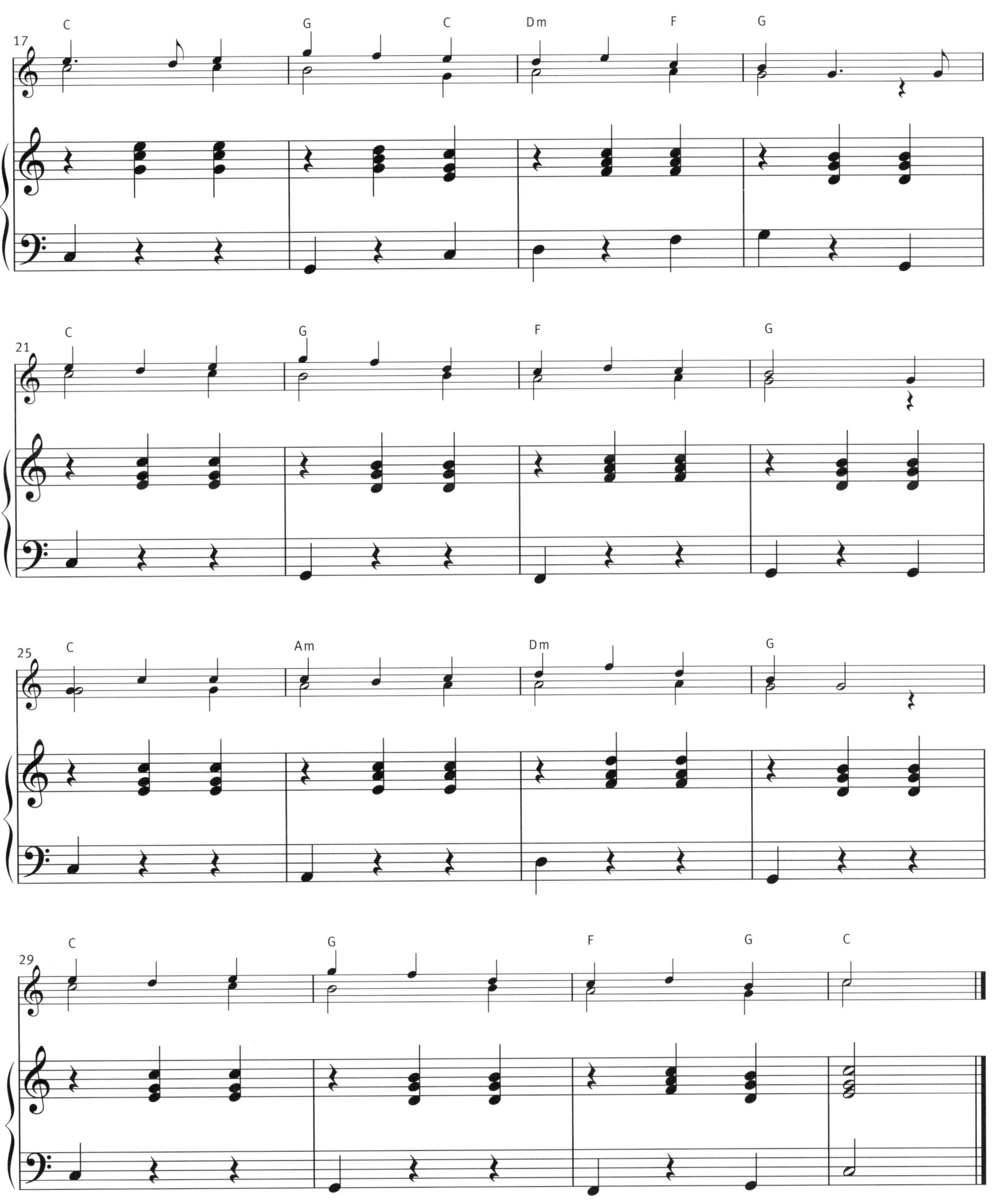
17
C G C Dm F G
21
C G F G
25
C Am Dm G
29
C G F G C

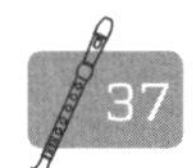

Marche de Sacco et Vanzetti

M.: E. Moricone
T.: J. Baez

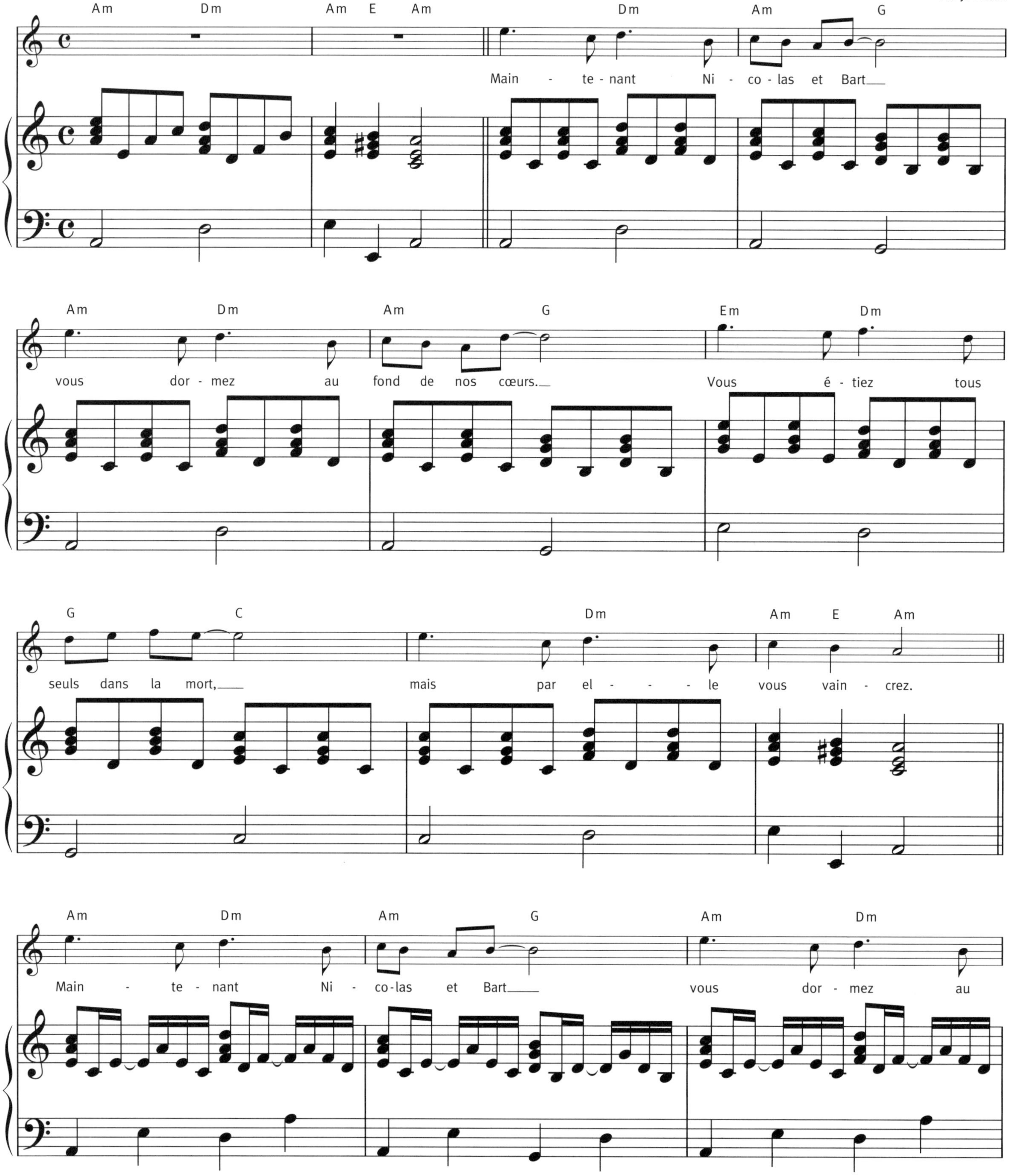

Am Dm | Am E Am || Dm | Am G

Main - te - nant Ni - co - las et Bart

Am Dm | Am G | Em Dm

vous dor - mez au fond de nos cœurs. Vous é - tiez tous

G C | Dm | Am E Am

seuls dans la mort, mais par el - - - - le vous vain - crez.

Am Dm | Am G | Am Dm

Main - te - nant Ni - co - las et Bart vous dor - mez au

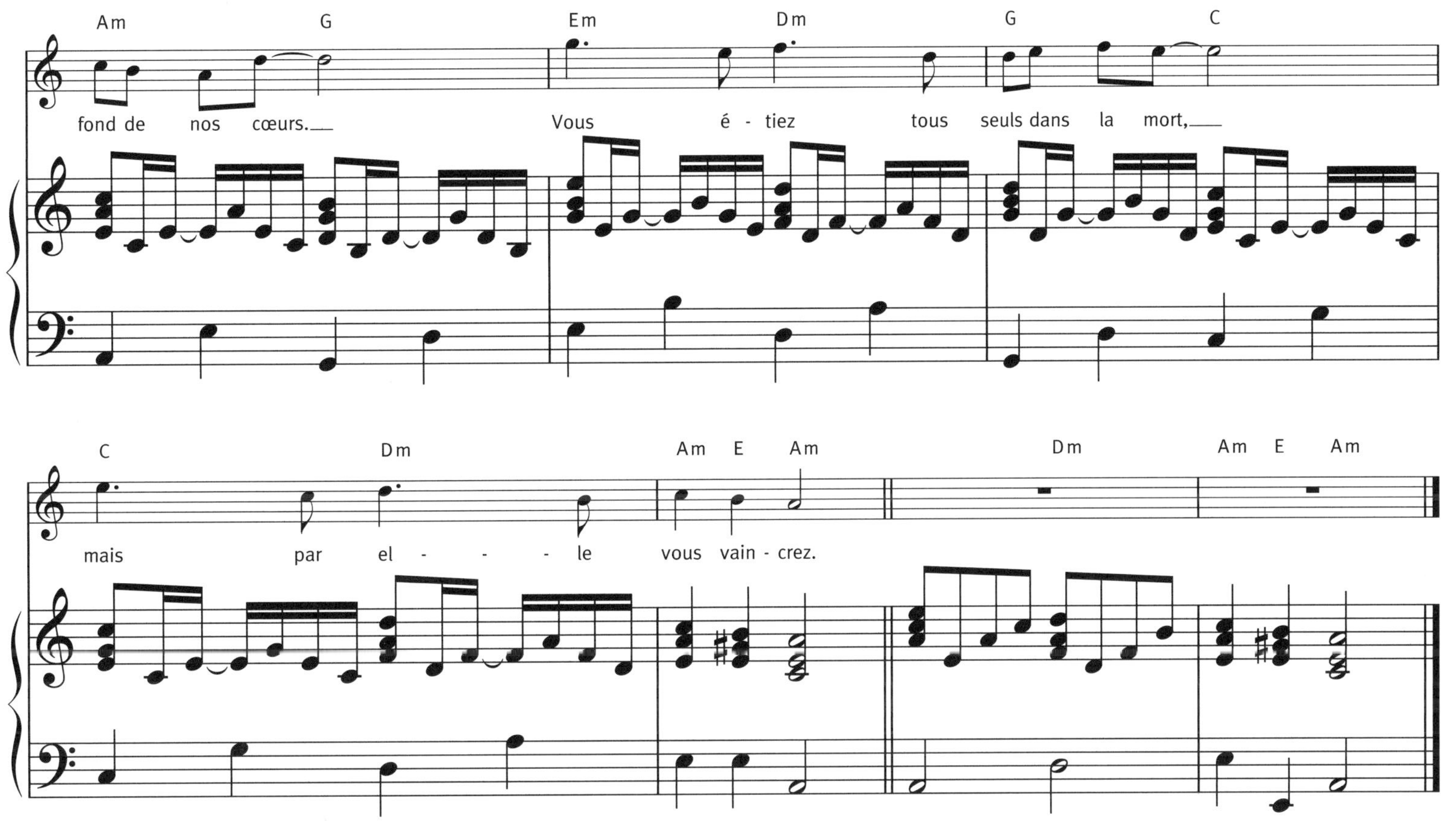

39 Die güldene Sonne

M.: J. G. Ahle (1651–1706)
T.: Ph. von Zesen (1619–1689)

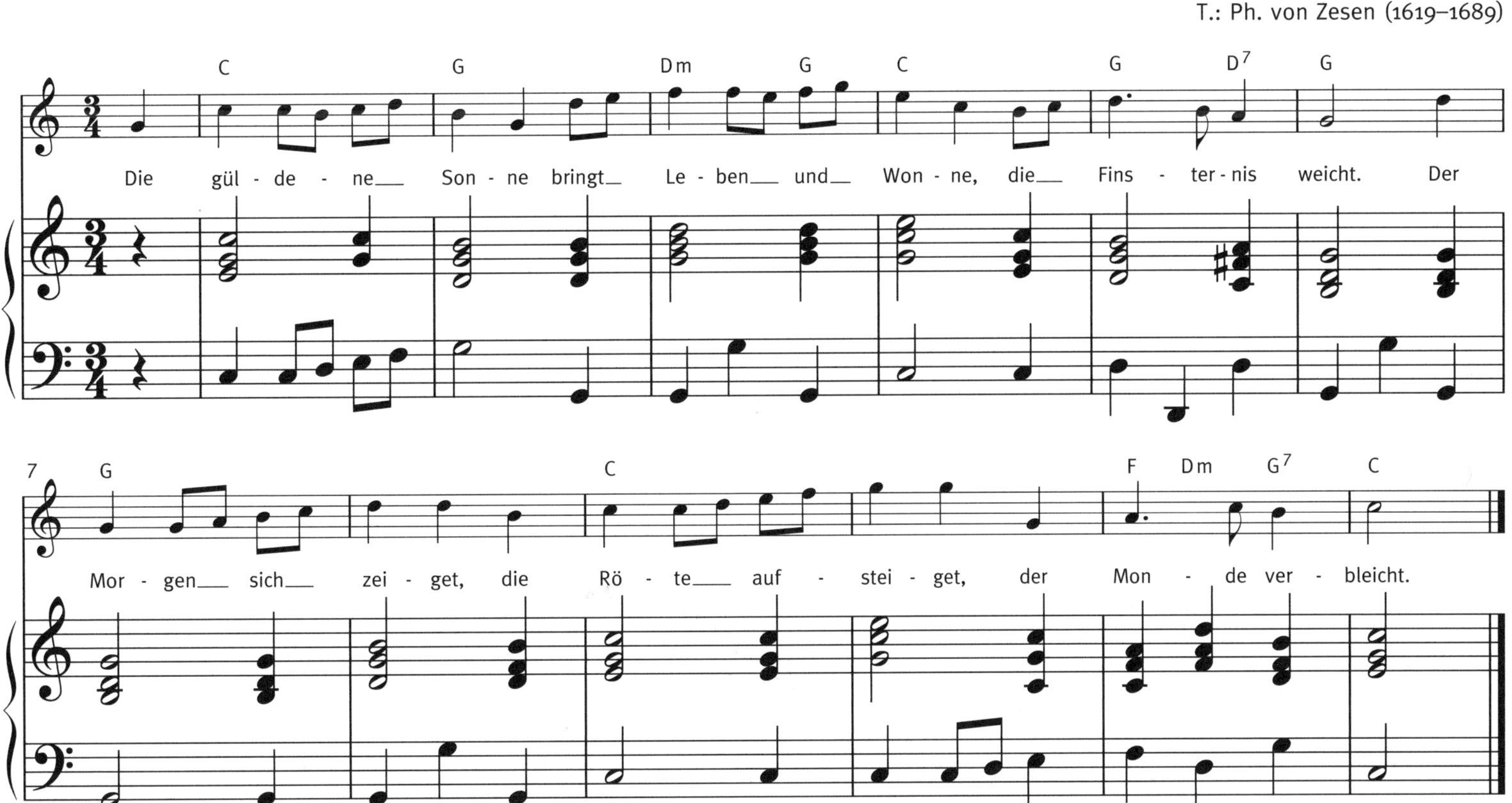

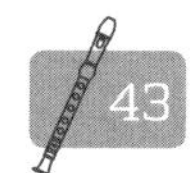

Es war ein König in Thule

M.: C. F. Zelter (1758–1832)
T.: J. W. von Goethe (1749–1832)

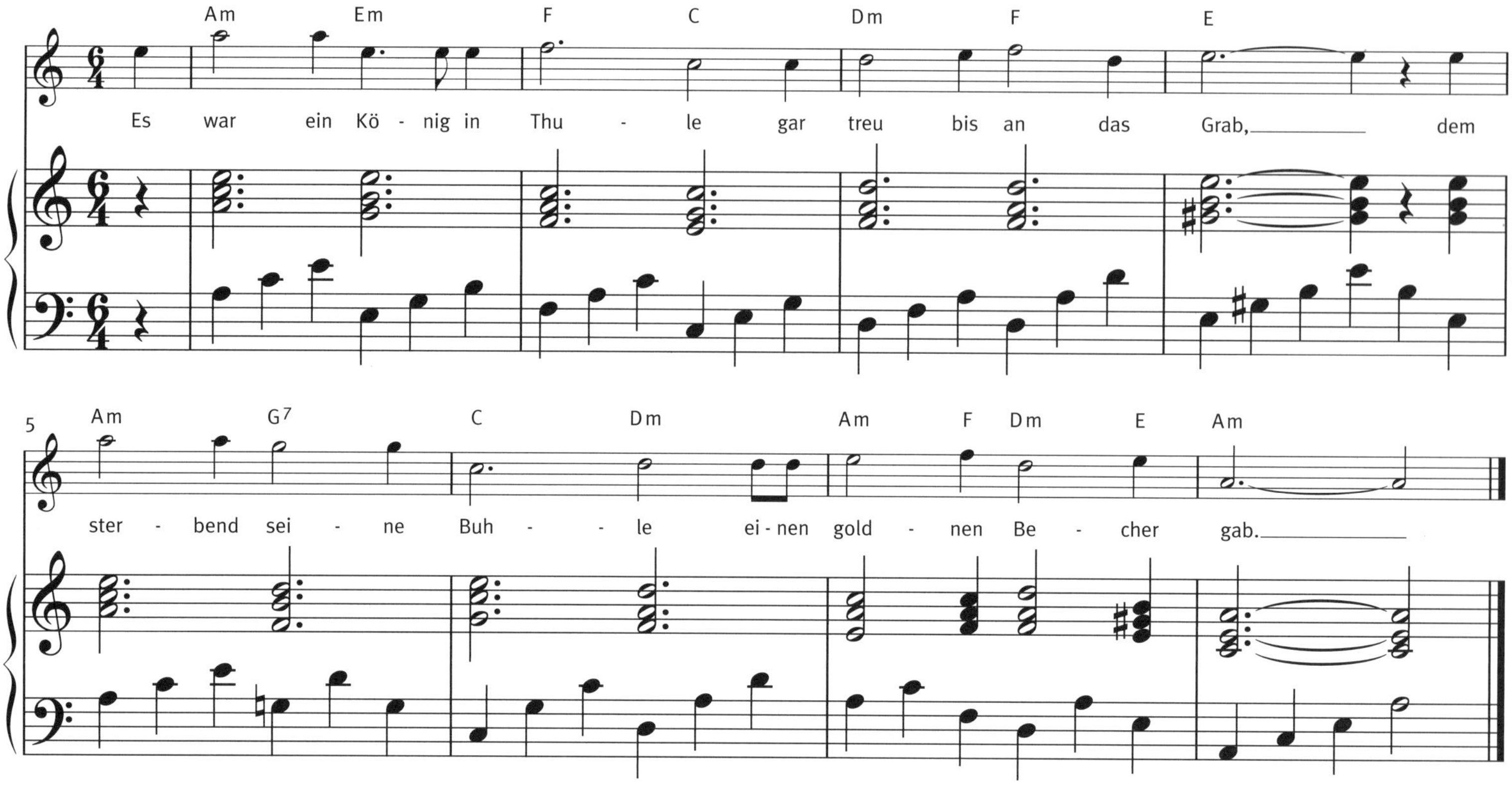

Es war ein König in Thule gar treu bis an das Grab, dem sterbend seine Buhle einen goldnen Becher gab.

44 Sailing

Text & Musik:
Gavin Sutherland

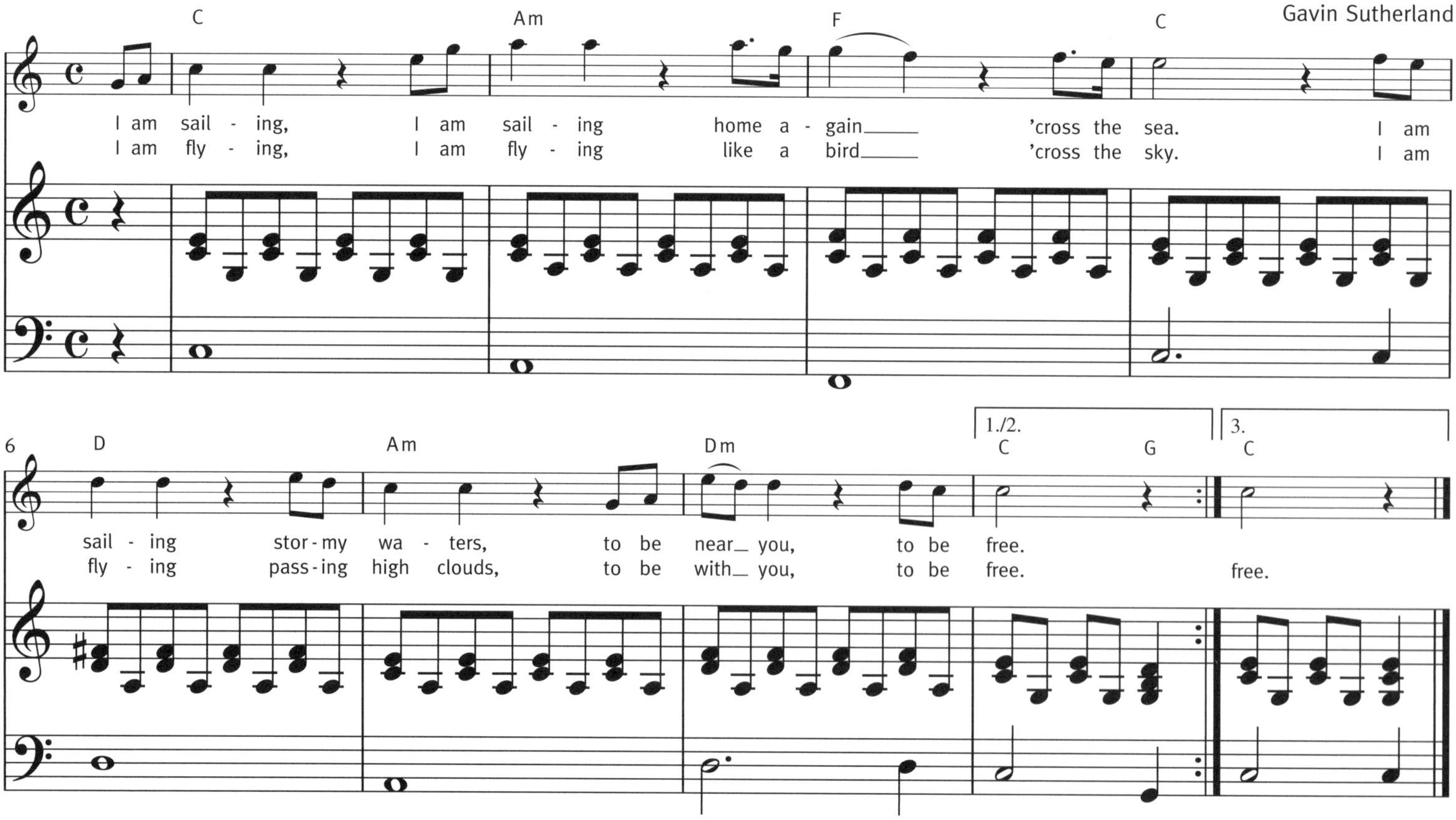

1. I am sailing, I am sailing home again 'cross the sea. I am sailing stormy waters, to be near you, to be free.
2. I am flying, I am flying like a bird 'cross the sky. I am flying passing high clouds, to be with you, to be free.

free.

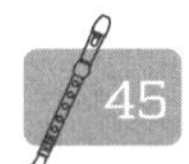

Maienzeit bannet Leid

13. Jh.

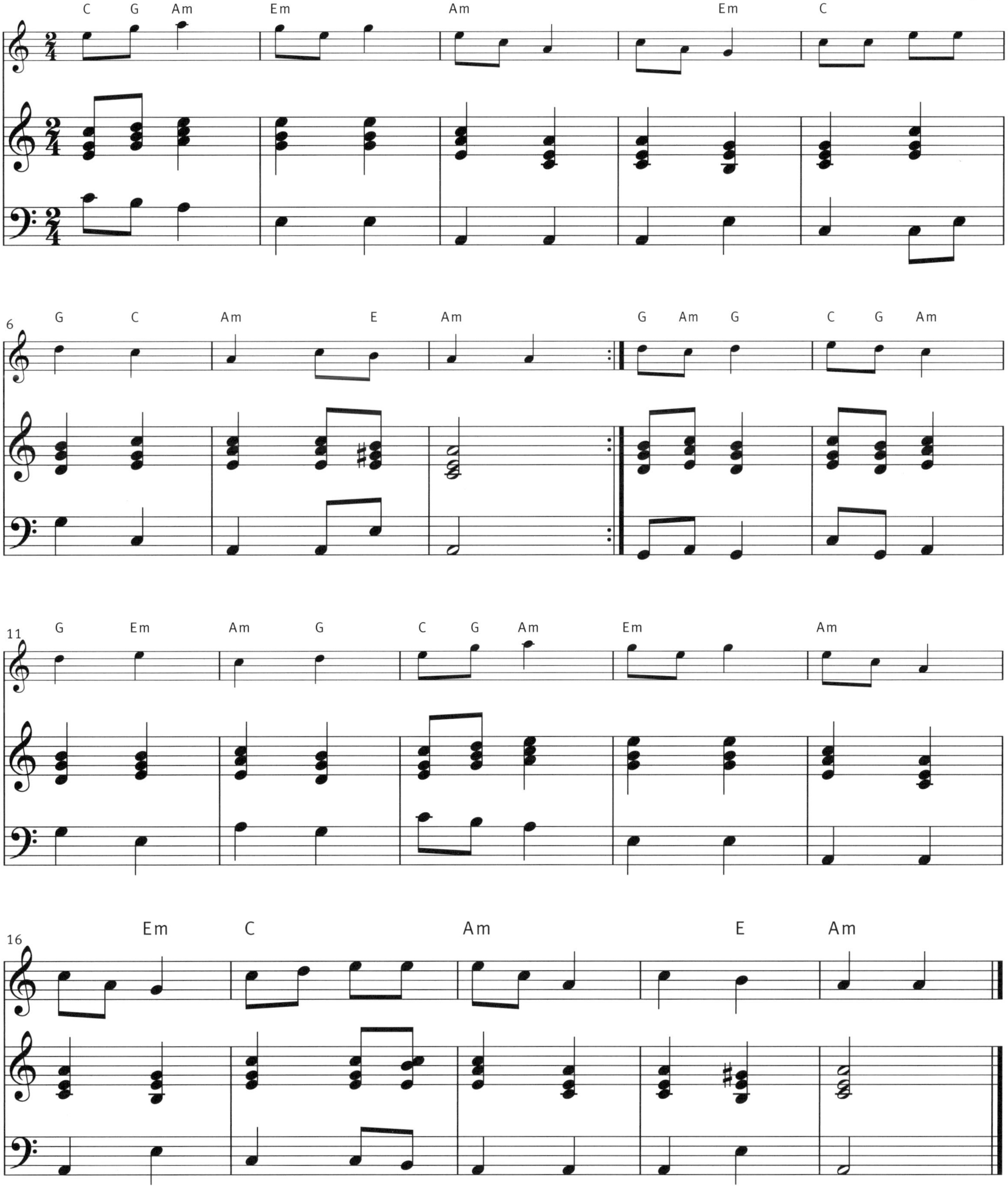

C G Am Em Am Em C

G C Am E Am G Am G C G Am

G Em Am G C G Am Em Am

Em C Am E Am

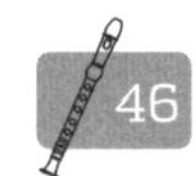

Wacht auf, ihr schönen Vögelein

M.: J. Gippenbusch (1612–1664)
T.: F. von Spee (1591–1635)

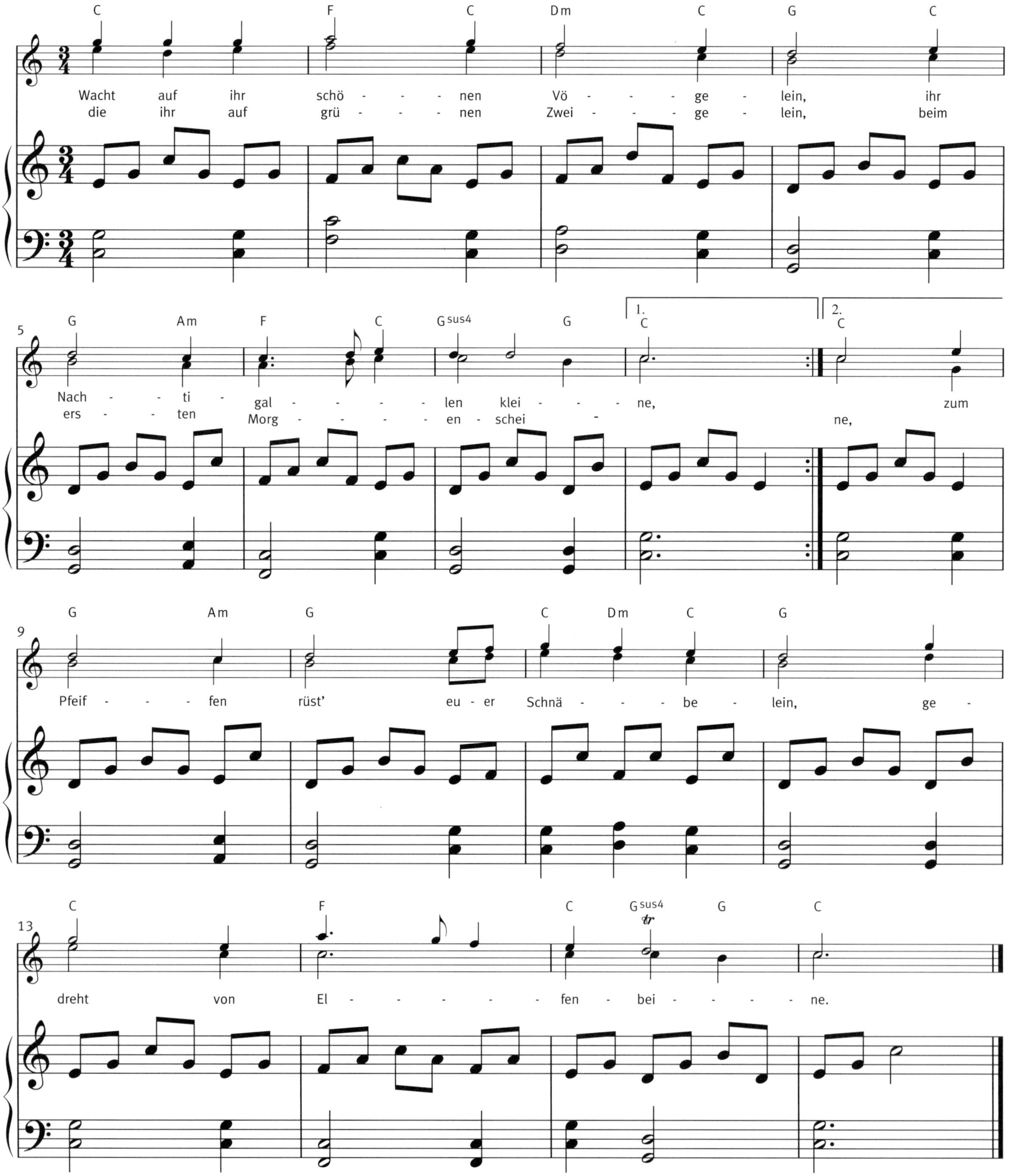

C F C Dm C G C

Wacht auf ihr schö - - - - nen Vö - - - ge - lein, ihr
die ihr auf grü - - - - nen Zwei - - - ge - lein, beim

5 G Am F C G sus4 G 1. C 2. C

Nach - ti - gal - - - - len klei - - - - ne, zum
ers - - ten Morg - - - - - en - schei - ne,

9 G Am G C Dm C G

Pfeif - - - fen rüst' eu - er Schnä - - - be - lein, ge -

13 C F C G sus4 G C

dreht von El - - - - - fen - bei - - - - ne.

58 Im milden Westen

B. E.

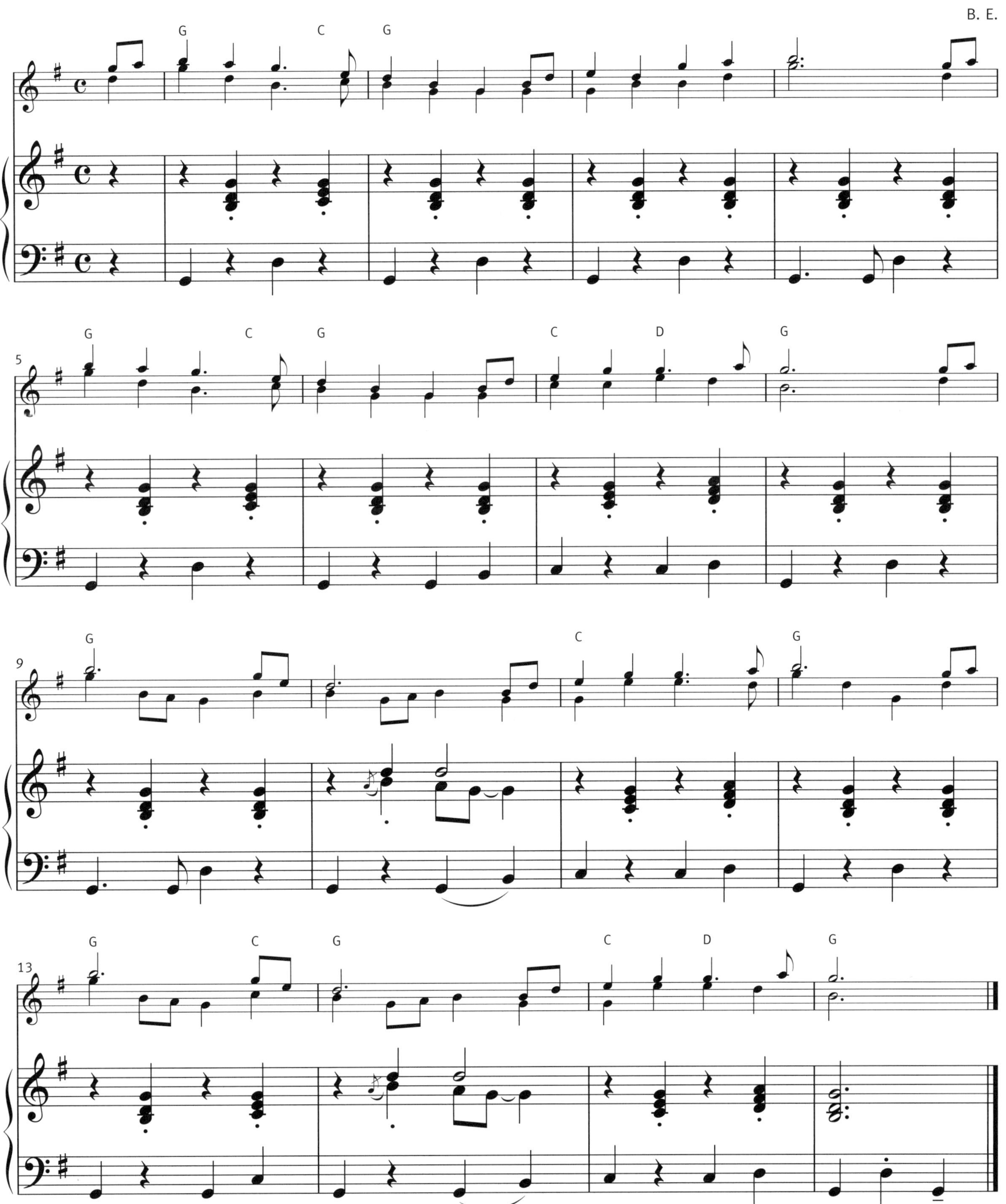

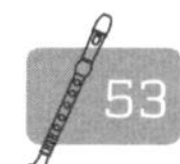

Xekina mja psaropula

aus Griechenland

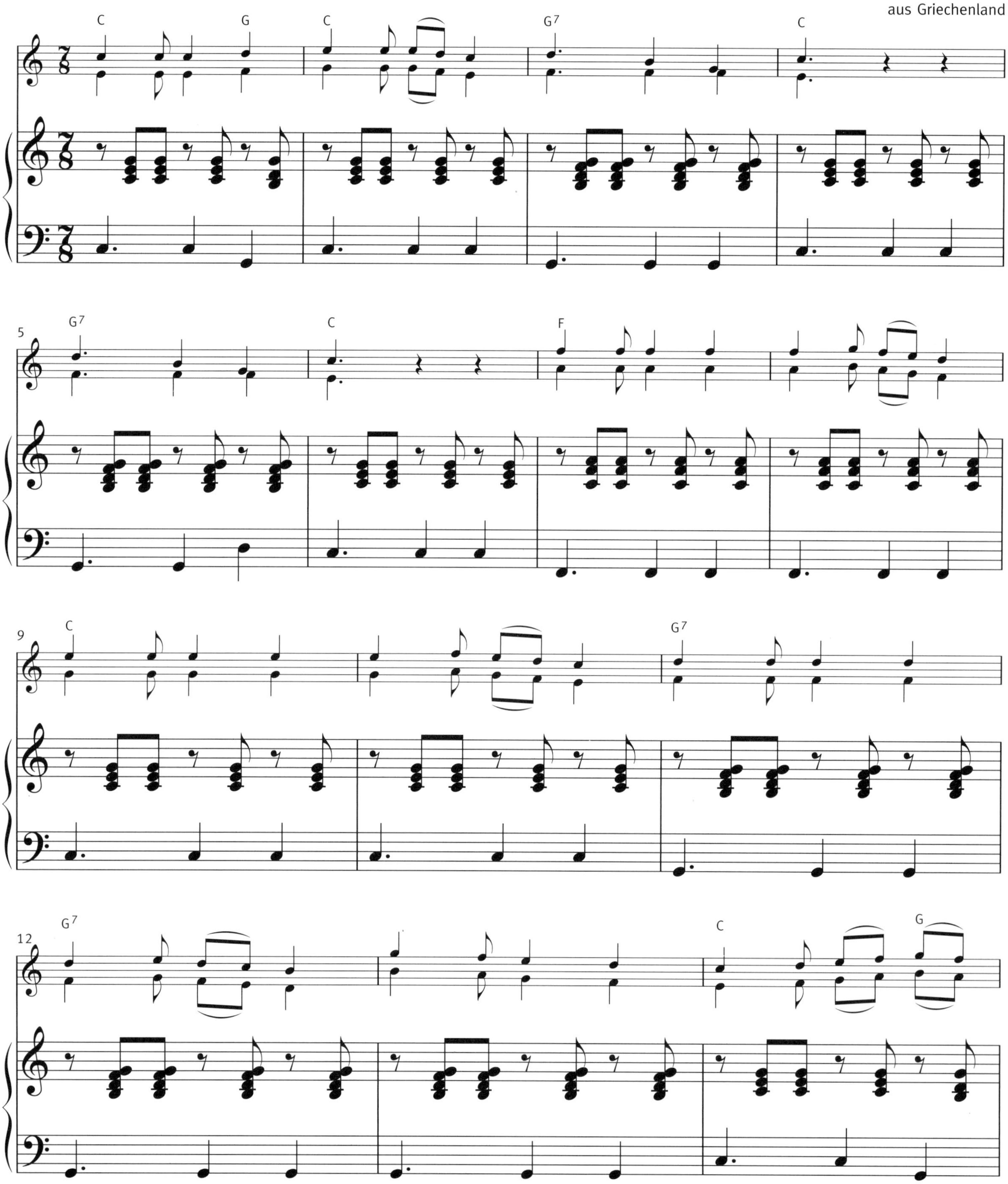

C G C G7 C

5 G7 C F

9 C G7

12 G7 C G

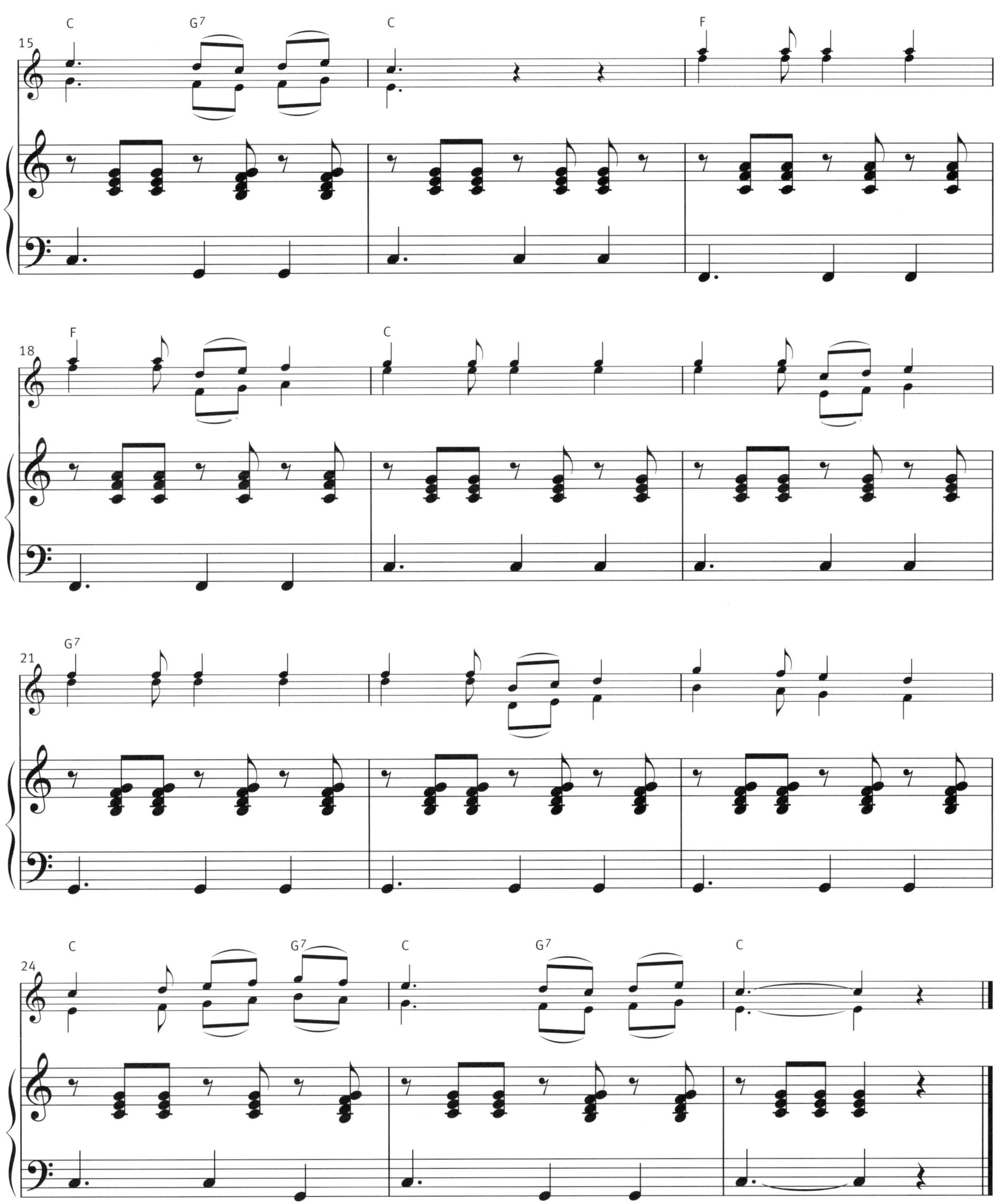

15
C
G7
C
F
18
F
C
21
G7
24
C
G7
C
G7
C

60 Still I Love Him

aus Irland

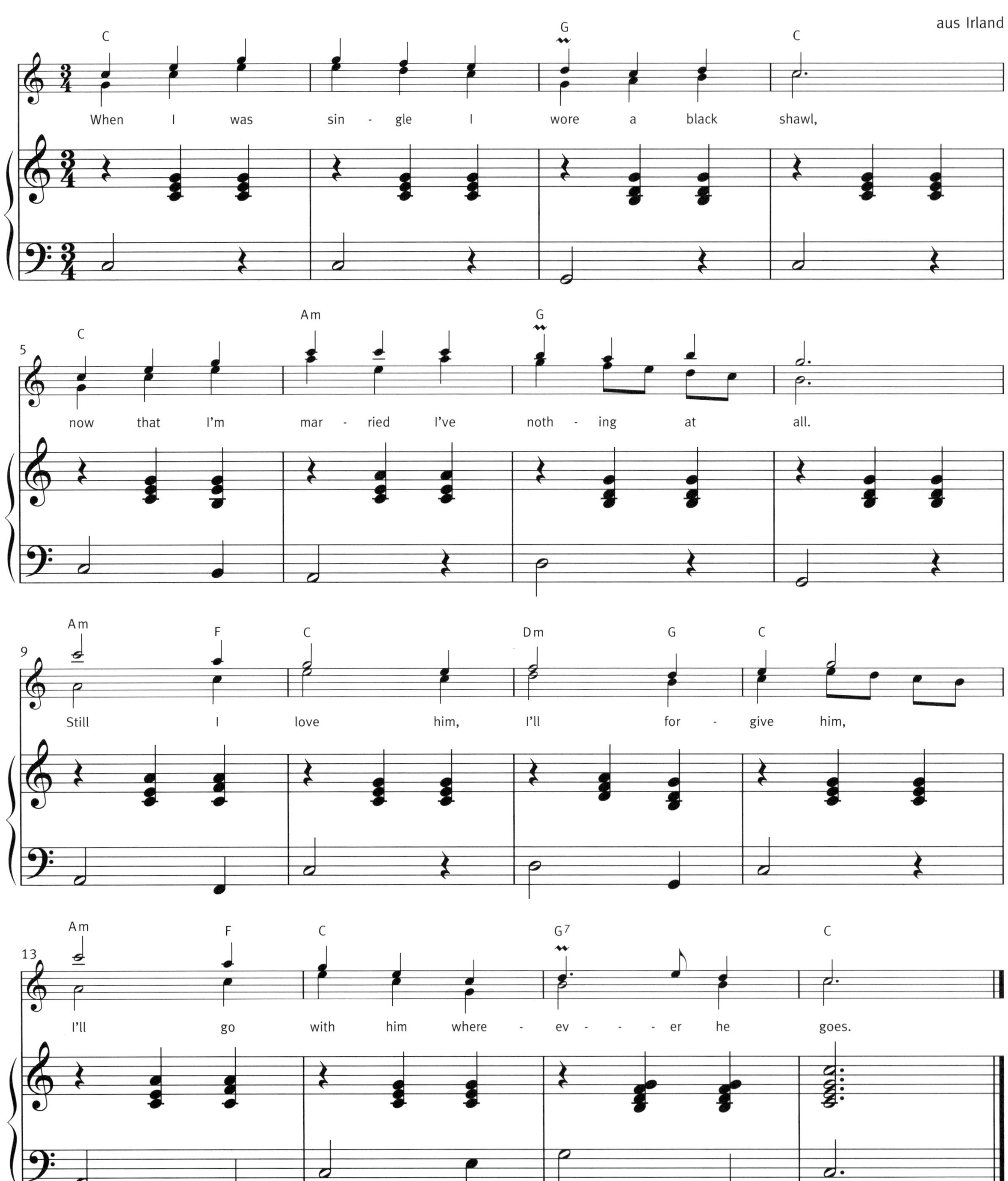

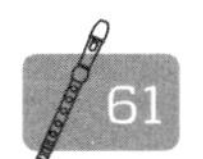

The Sound Of Silence

Paul Simon

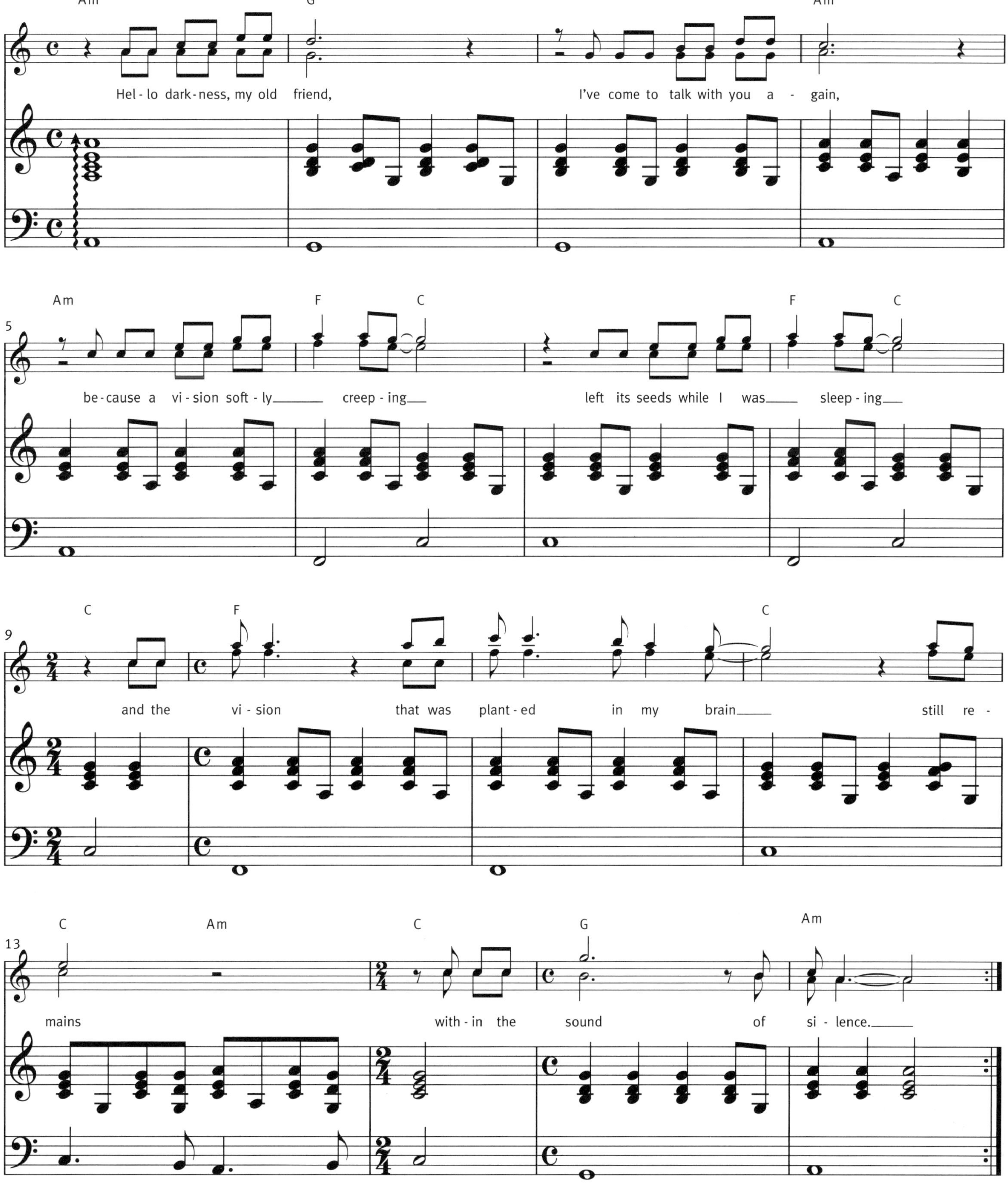

Am G Am

Hel - lo dark - ness, my old friend, I've come to talk with you a - gain,

5
Am F C F C

be - cause a vi - sion soft - ly___ creep - ing___ left its seeds while I was___ sleep - ing___

9
C F C

and the vi - sion that was plant - ed in my brain___ still re -

13
C Am C G Am

mains with - in the sound of si - lence.___

Kommt, ihr Gspielen

T: Melchior Franck (1573–1639)
M: England, um 1537

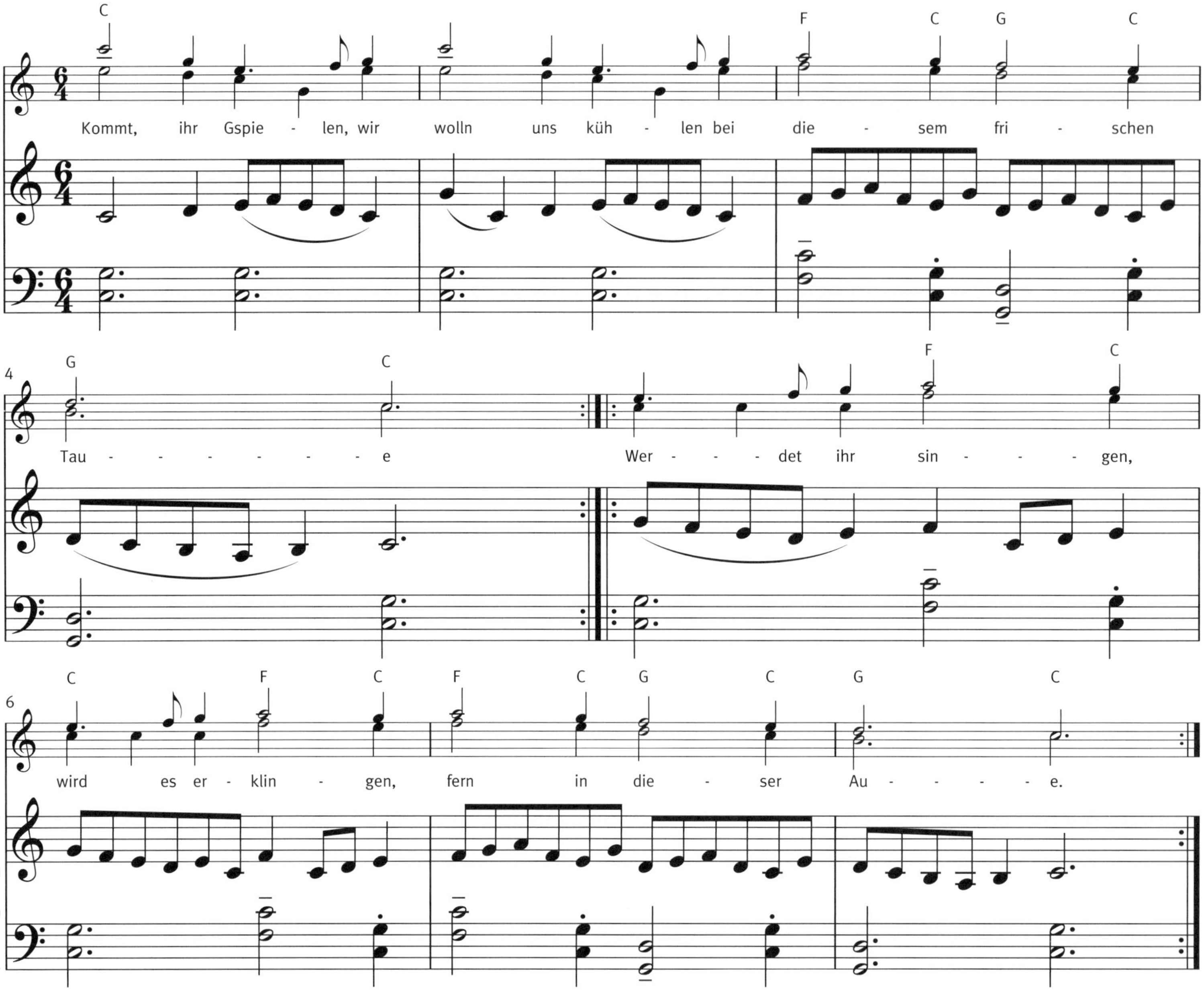

C F C G C

Kommt, ihr Gspie - len, wir wolln uns küh - len bei die - sem fri - schen

G C F C

Tau - - - - - - - e Wer - - - det ihr sin - - - gen,

C F C F C G C G C

wird es er - klin - gen, fern in die - ser Au - - - - - e.

The Gentle Maiden

aus Yorkshire

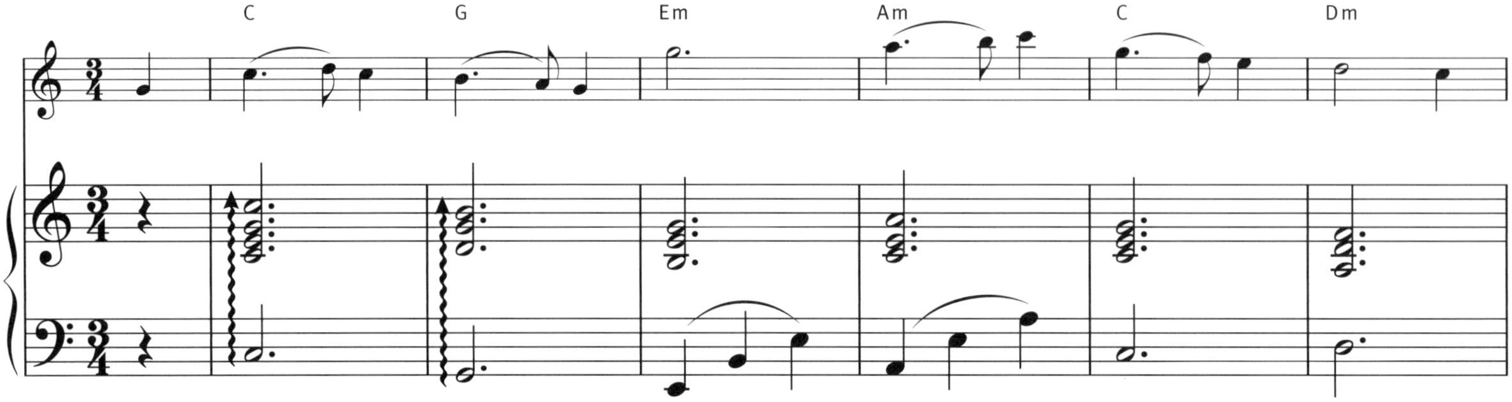

C G Em Am C Dm

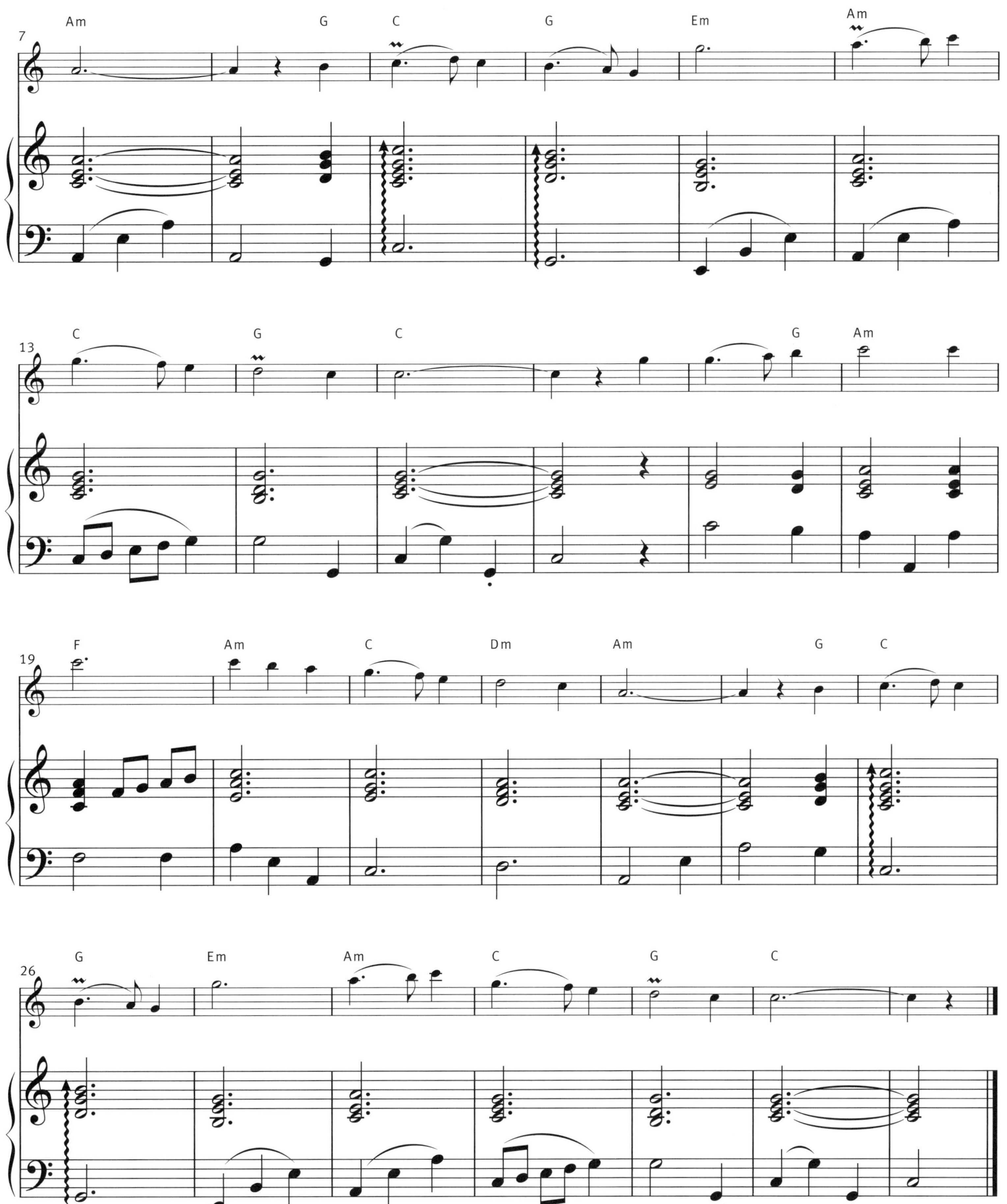
7
Am G C G Em Am
13
C G C G Am
19
F Am C Dm Am G C
26
G Em Am C G C

68 Desert Song

aus Ägypten

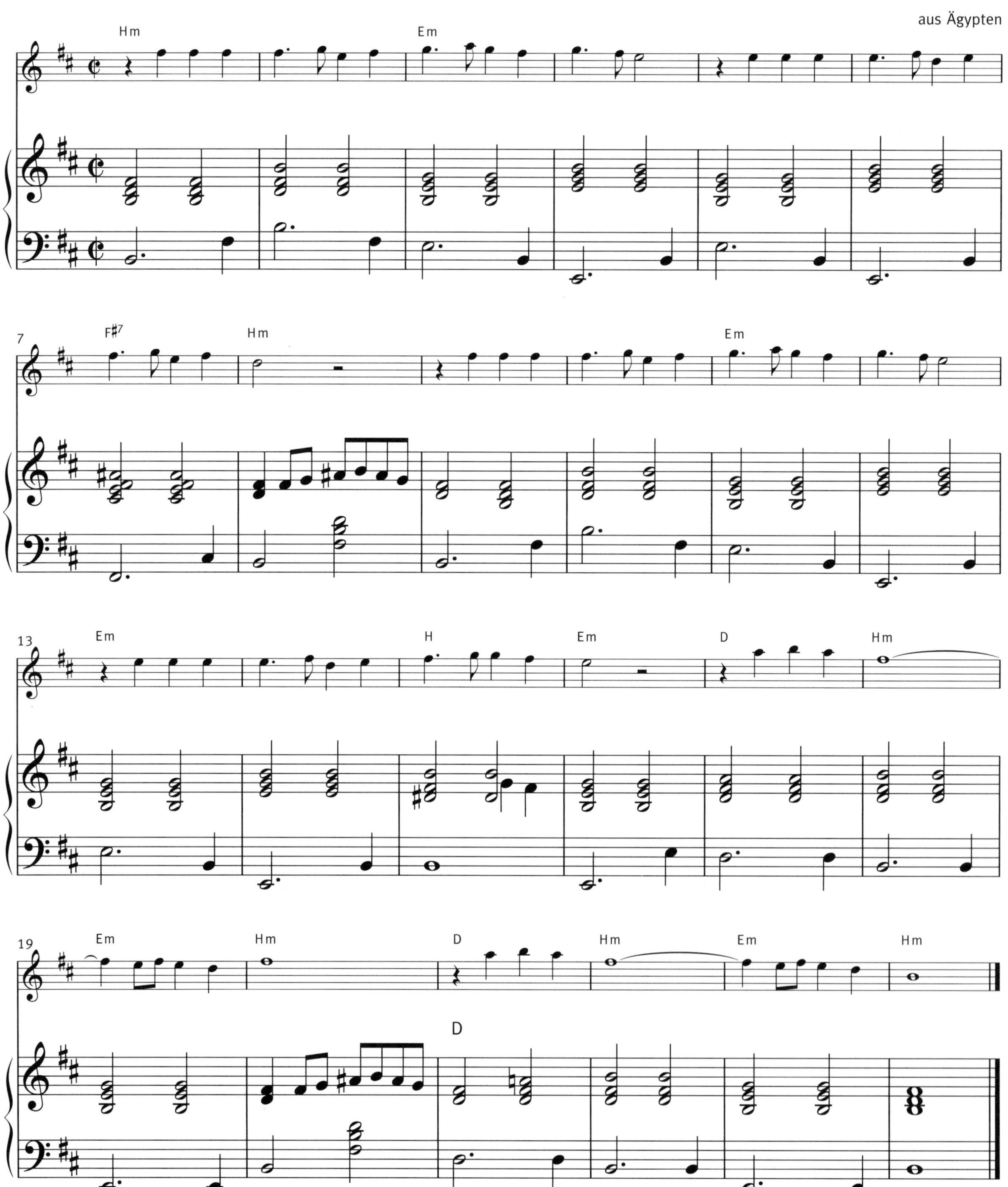

69 La Carméline

aus Frankreich

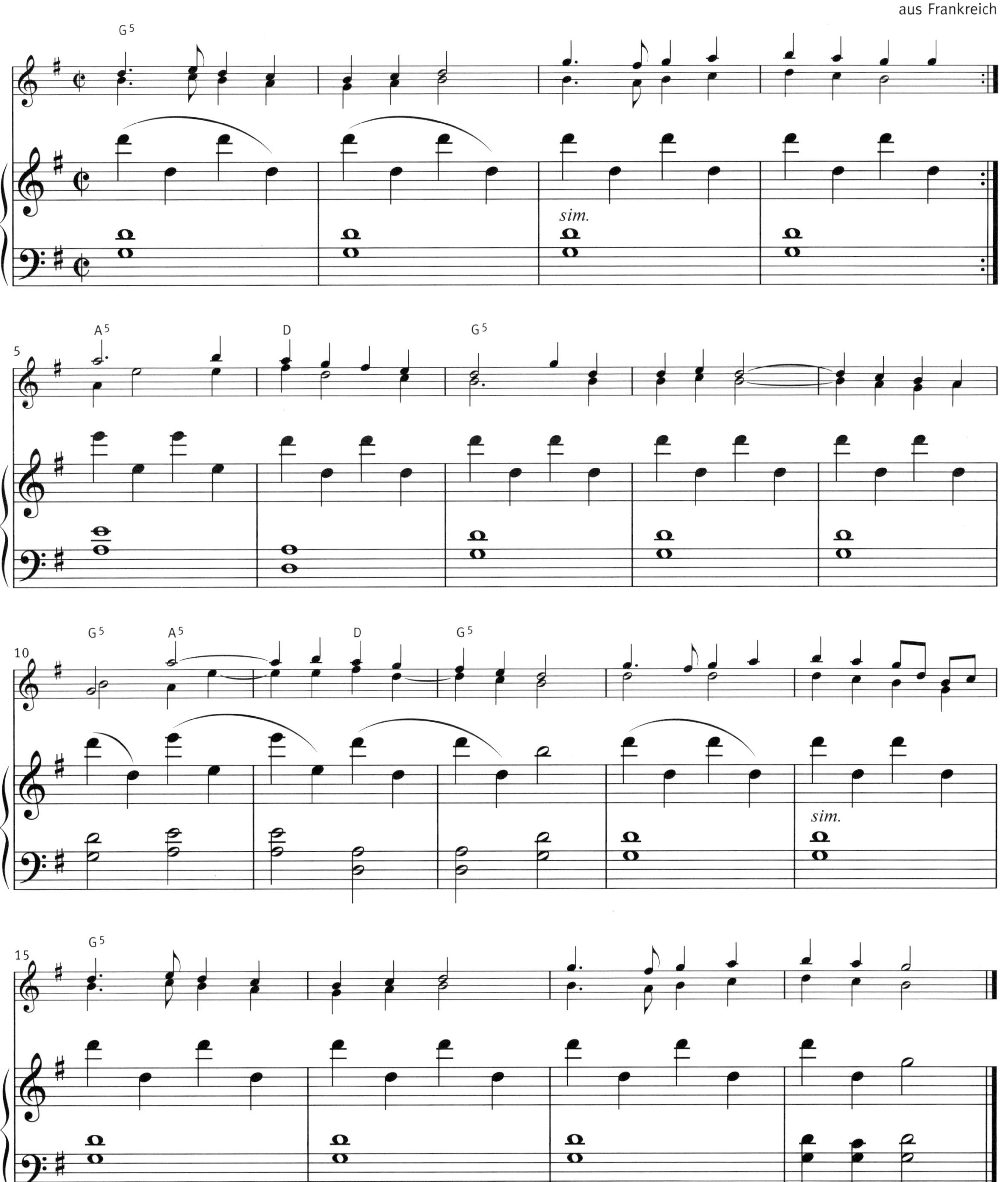

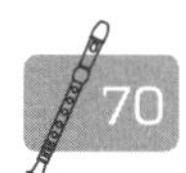

Dans la ville de Bordeaux

aus Frankreich

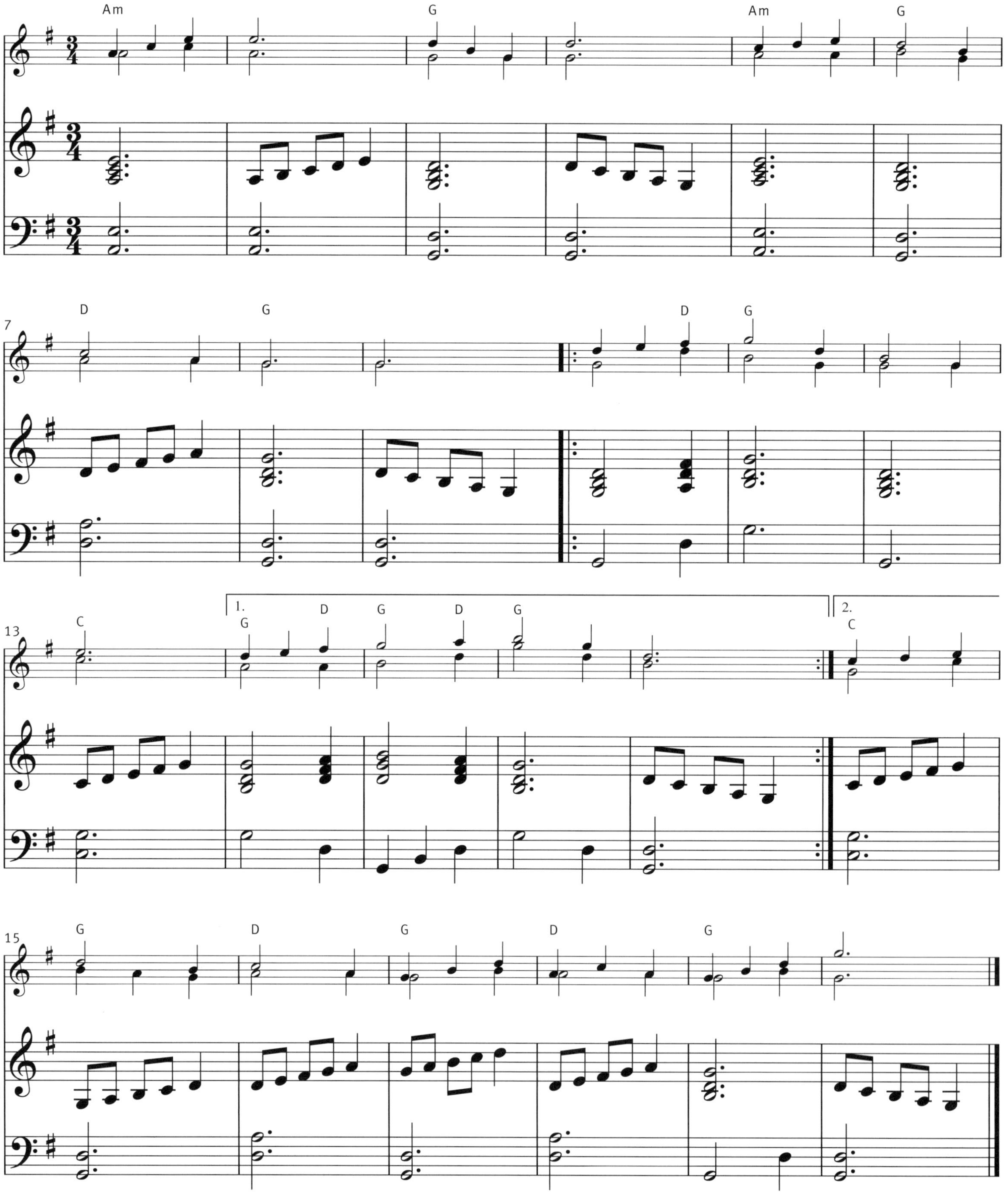

Am G Am G

7 D G D G

13 C 1. G D G D G 2. C

15 G D G D G

73 Buttered Peas

aus Irland

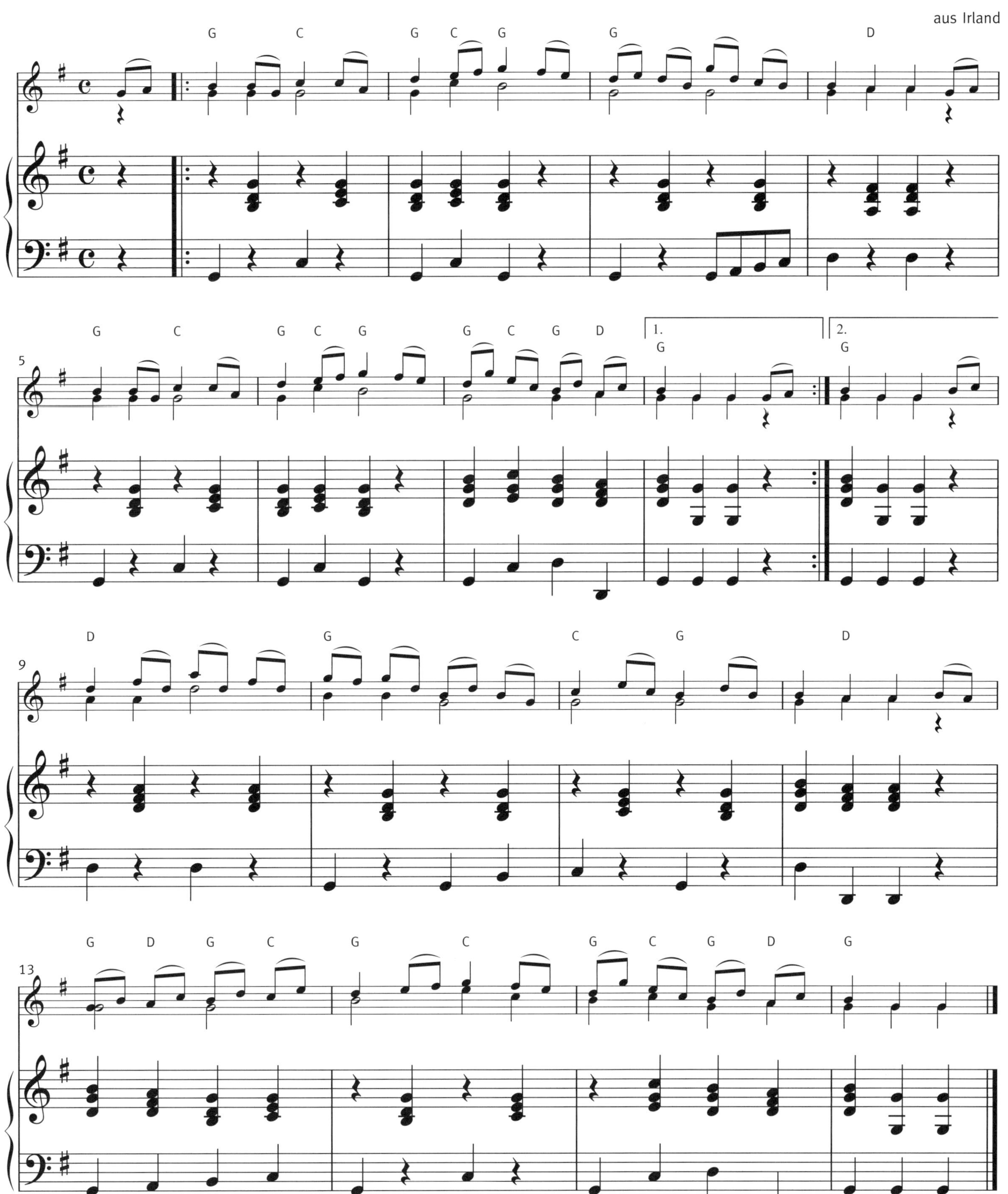

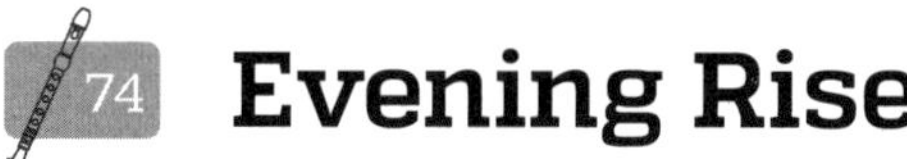

Evening Rise

trad. indianisch

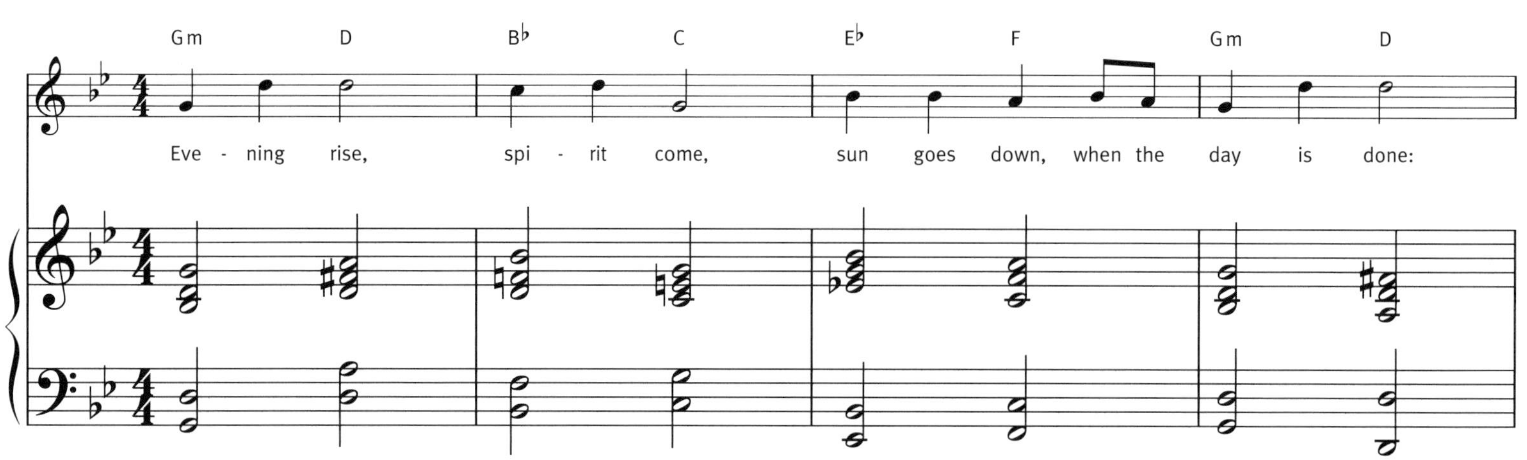

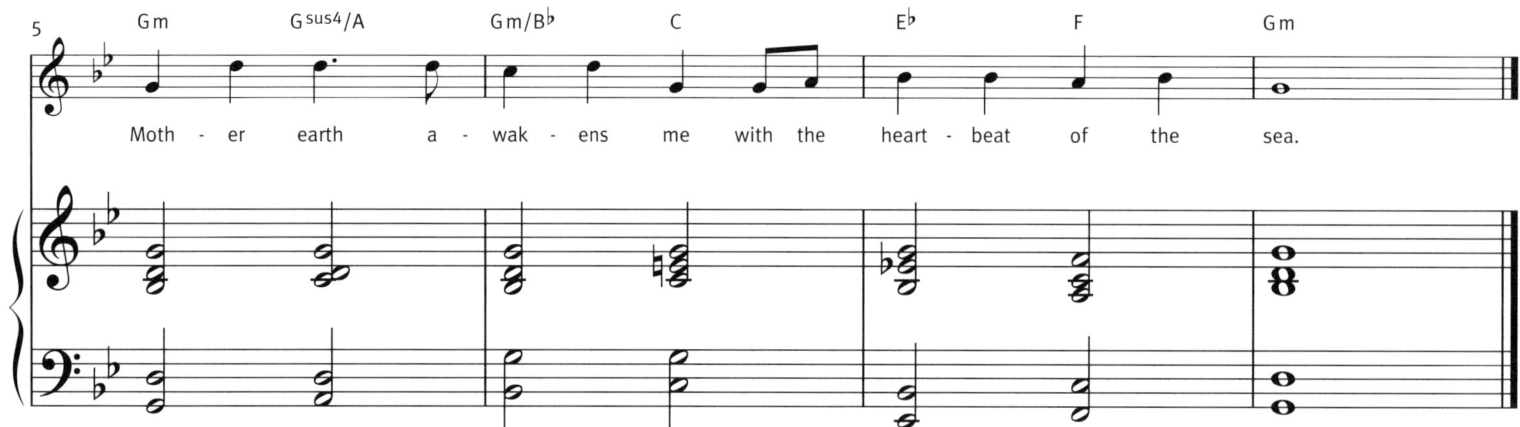

In Scotland

Isle of Man

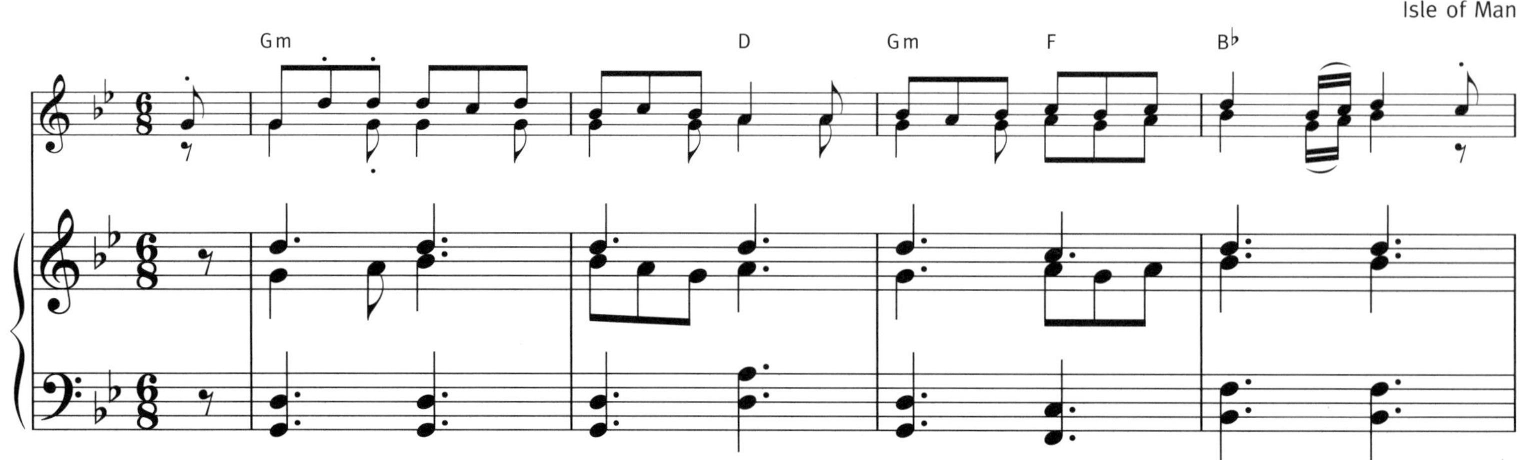

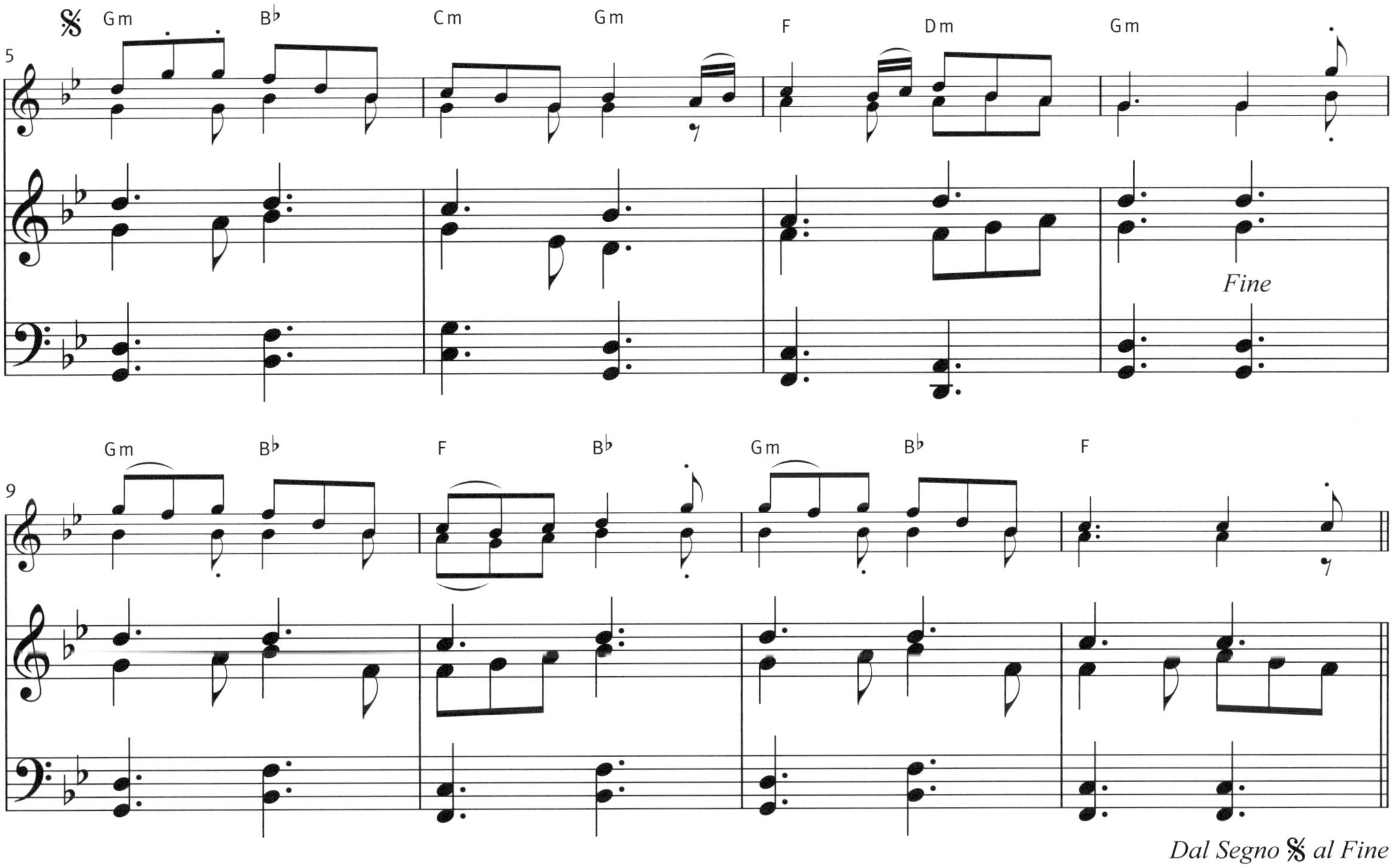

Gm B♭ Cm Gm F Dm Gm

Fine

Gm B♭ F B♭ Gm B♭ F

Dal Segno 𝄋 al Fine

77 Ukrainisches Volkslied

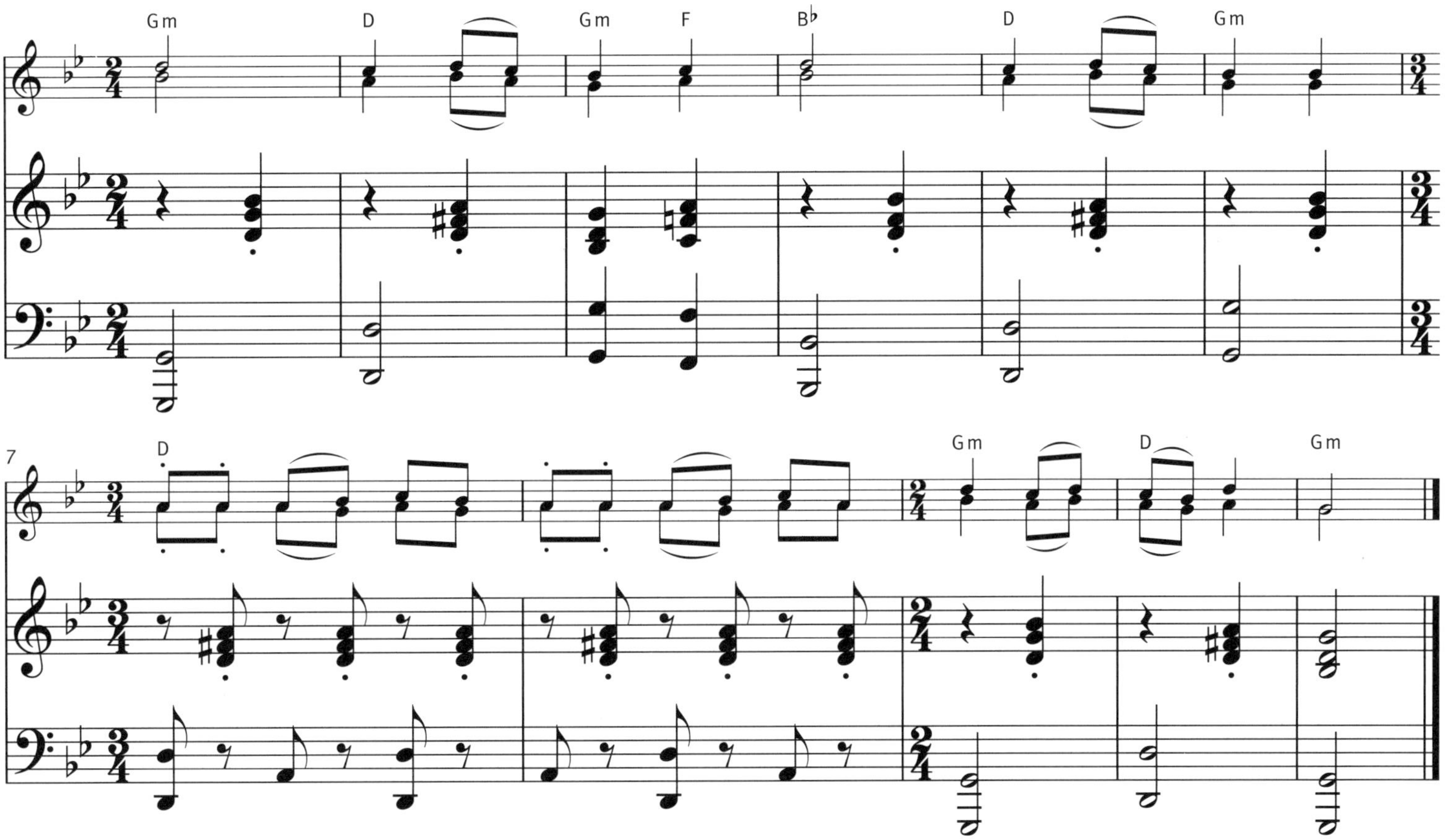

Gm D Gm F B♭ D Gm

D Gm D Gm

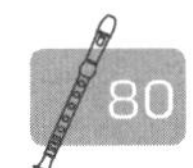

Der Winter ist vergangen

Altniederländisch, 16. Jh.

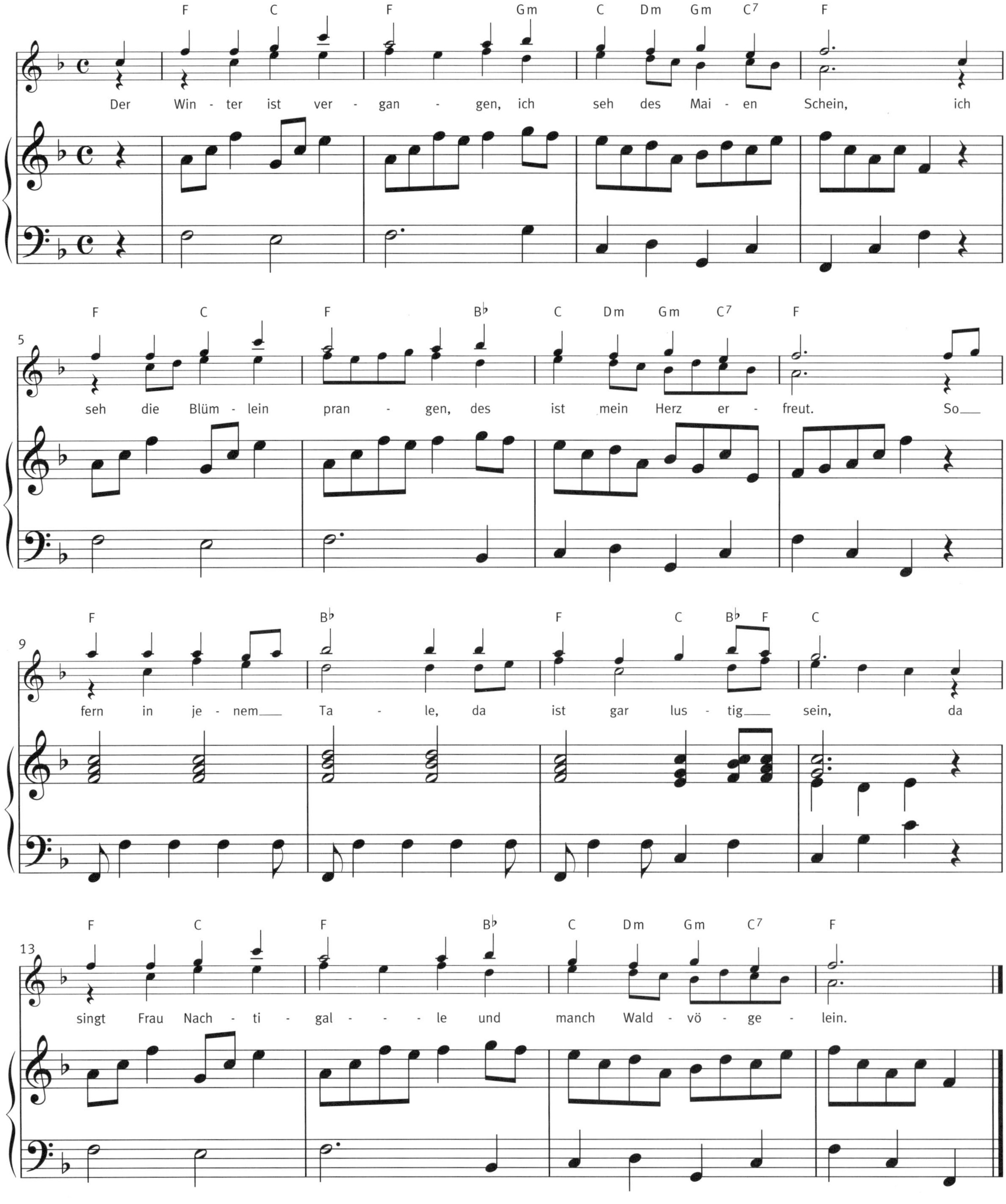

F C F Gm C Dm Gm C7 F

Der Win - ter ist ver - gan - gen, ich seh des Mai - en Schein, ich

5 F C F B♭ C Dm Gm C7 F

seh die Blüm - lein pran - gen, des ist mein Herz er - freut. So

9 F B♭ F C B♭ F C

fern in je - nem Ta - le, da ist gar lus - tig sein, da

13 F C F B♭ C Dm Gm C7 F

singt Frau Nach - ti - gal - le und manch Wald - vö - ge - lein.

Le départ pour Terre-Neuve

aus Frankreich

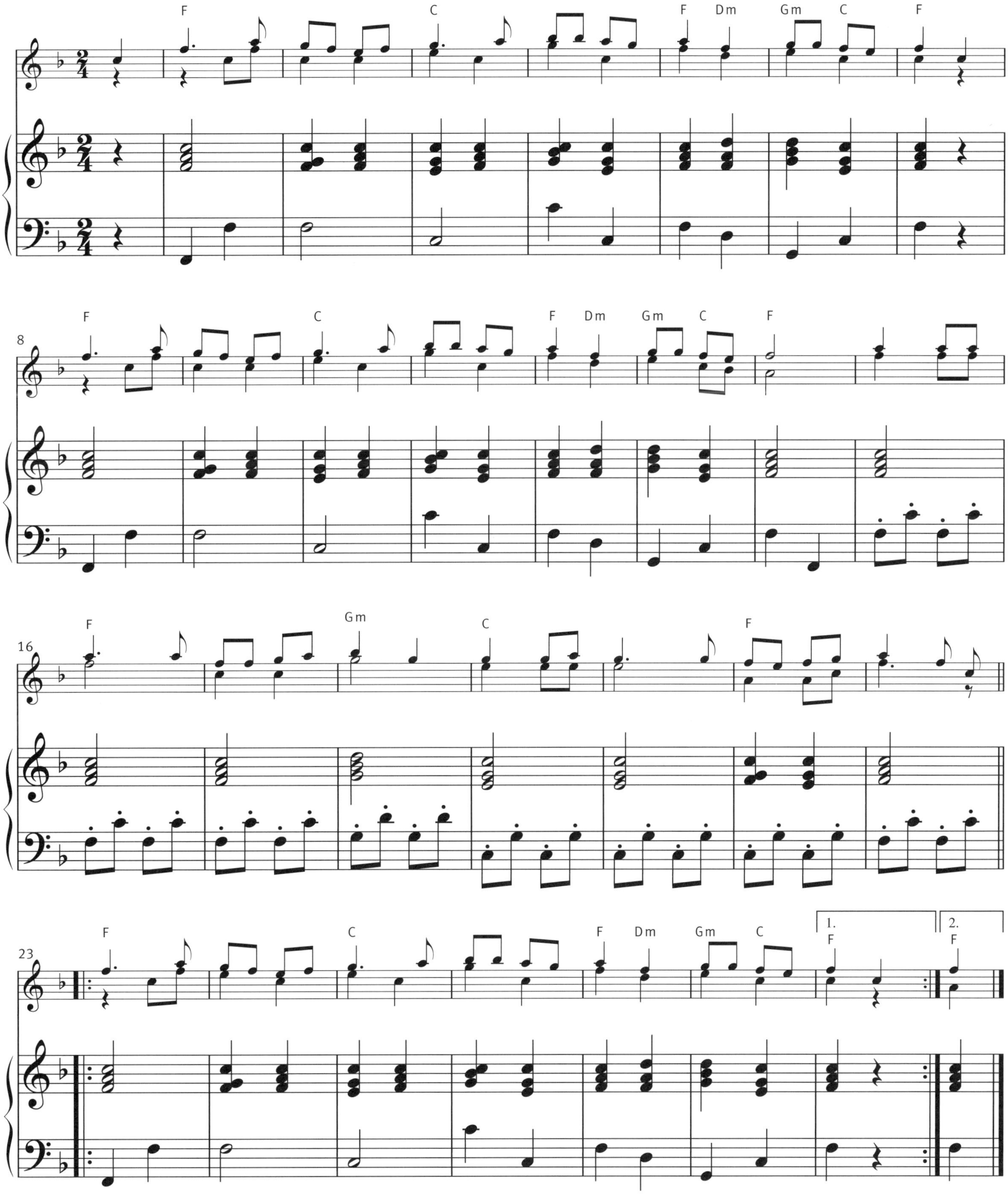

F C F Dm Gm C F

8 F C F Dm Gm C F

16 F Gm C F

23 F C F Dm Gm C 1. F 2. F

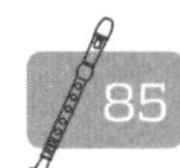

Heute hier, morgen dort

Hannes Wader

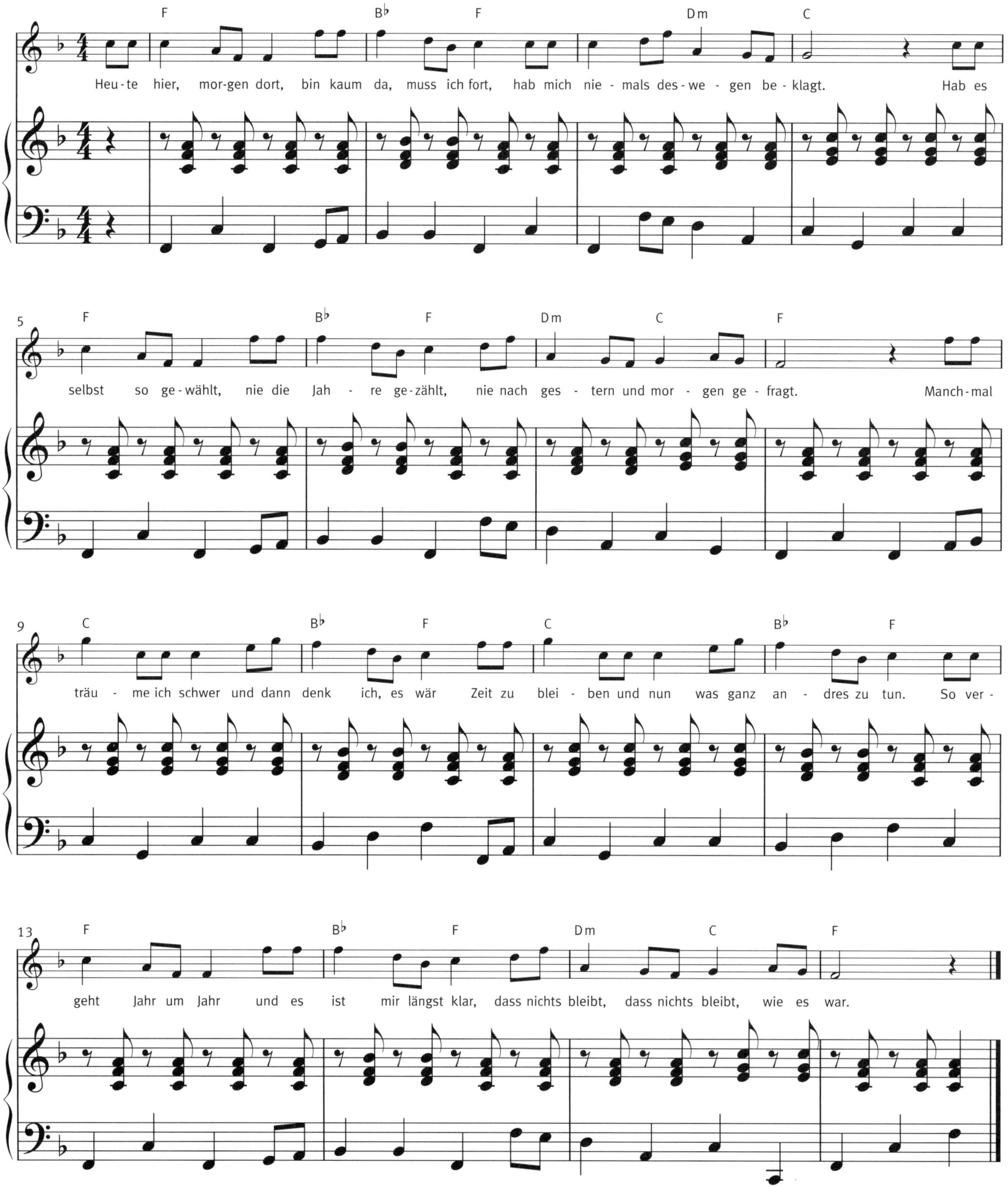

Heu-te hier, mor-gen dort, bin kaum da, muss ich fort, hab mich nie-mals des-we-gen be-klagt. Hab es

5 selbst so ge-wählt, nie die Jah-re ge-zählt, nie nach ges-tern und mor-gen ge-fragt. Manch-mal

9 träu-me ich schwer und dann denk ich, es wär Zeit zu blei-ben und nun was ganz an-dres zu tun. So ver-

13 geht Jahr um Jahr und es ist mir längst klar, dass nichts bleibt, dass nichts bleibt, wie es war.

89 Swanee River

Stephen Foster
(1828–1864)

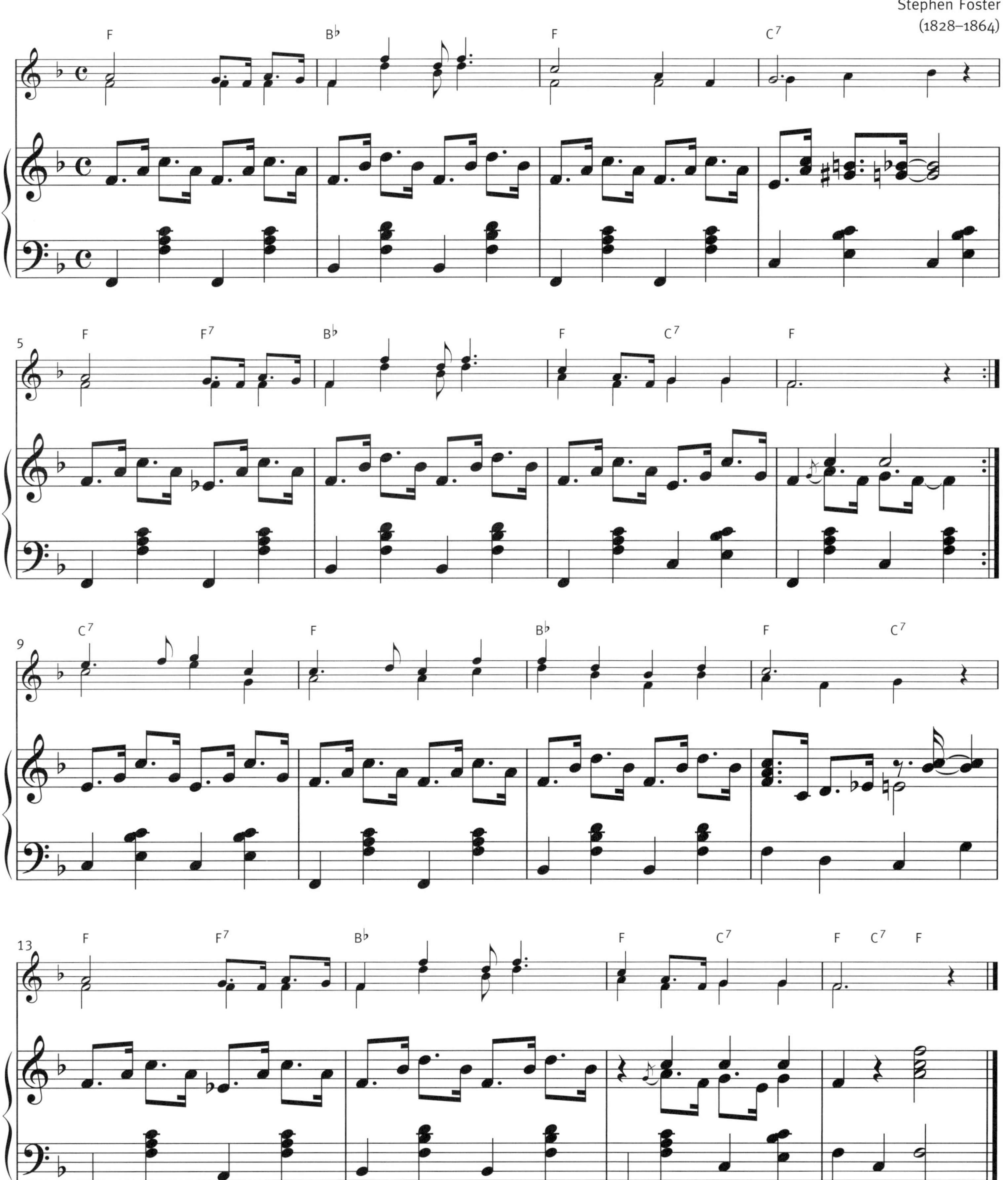

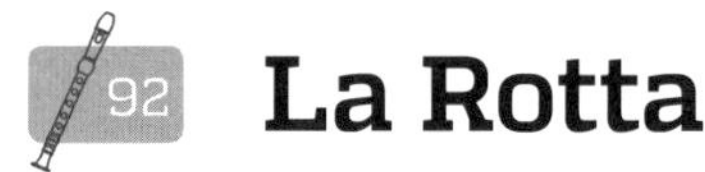

La Rotta

Italien, 13. Jh.

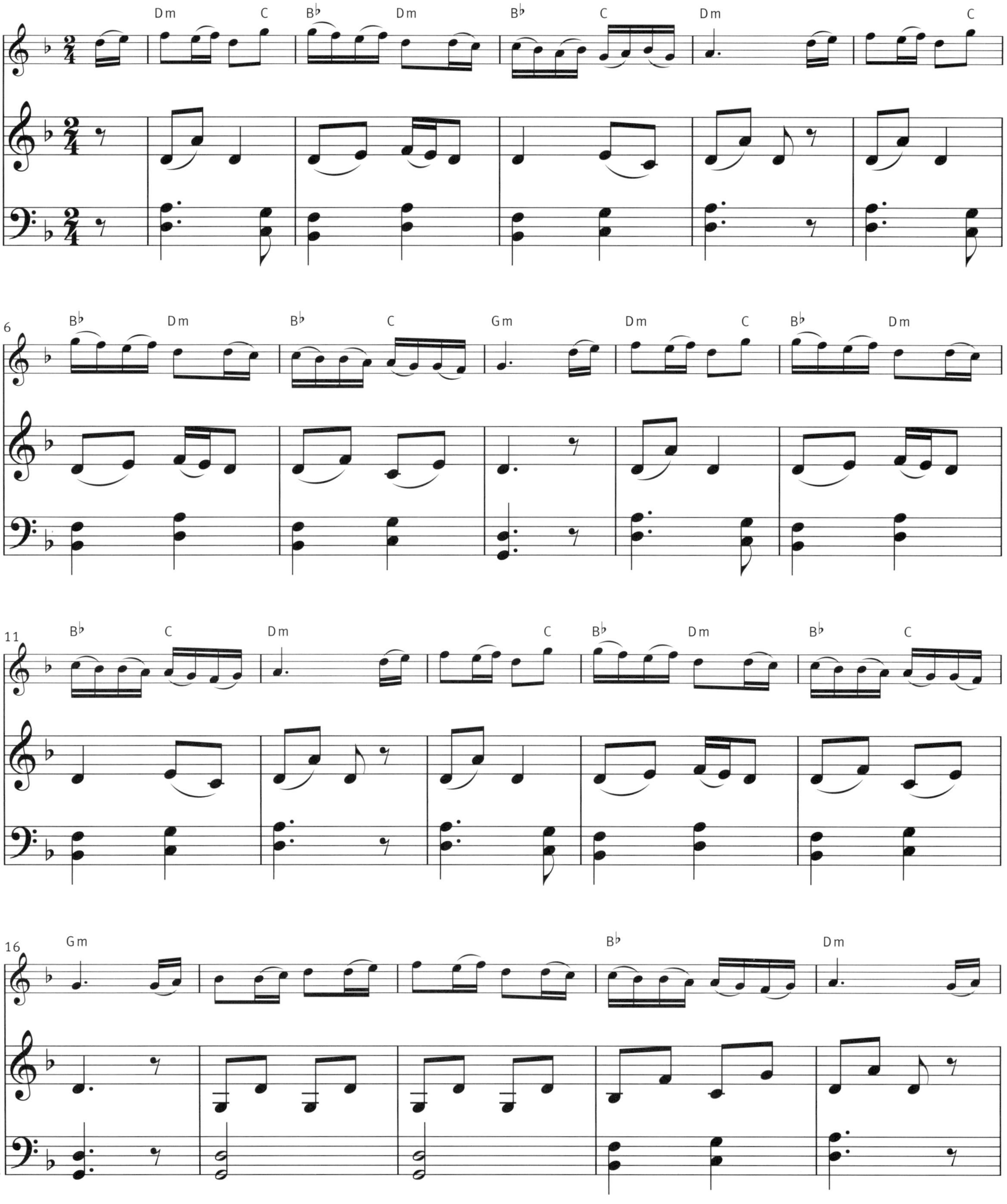

Dm C B♭ Dm B♭ C Dm C

6 B♭ Dm B♭ C Gm Dm C B♭ Dm

11 B♭ C Dm C B♭ Dm B♭ C

16 Gm B♭ Dm

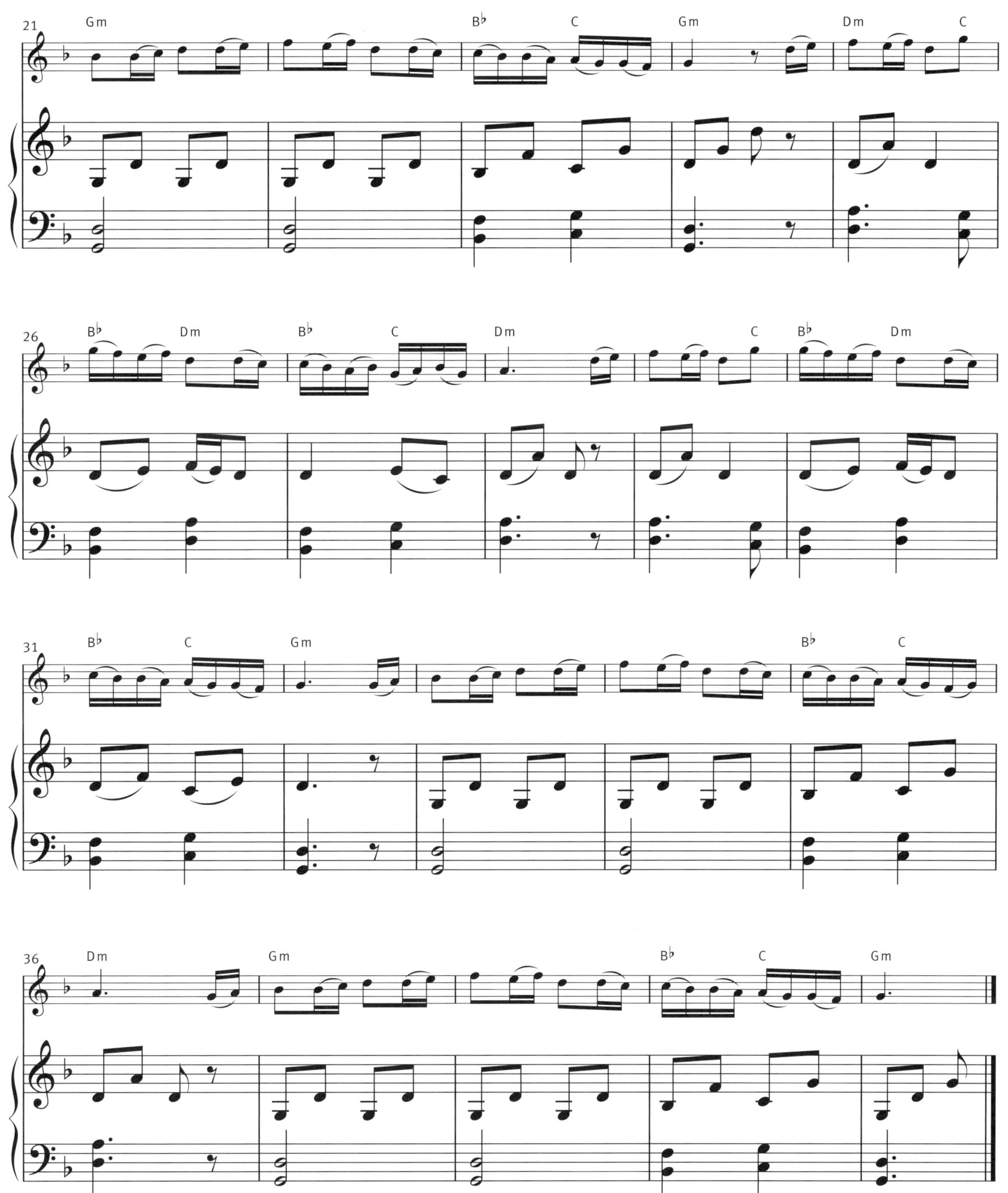
21
Gm
B♭
C
Gm
Dm
C
26
B♭
Dm
B♭
C
Dm
C
B♭
Dm
31
B♭
C
Gm
B♭
C
36
Dm
Gm
B♭
C
Gm